COLLEZIONE DI POESIA

260.

© 1997 Giulio Einaudi editore s. p. a., Torino

ISBN 88-06-13125-7

Percy Bysshe Shelley

PROMETEO SLEGATO

Traduzione di Cesare Pavese
A cura di Mark Pietralunga

Giulio Einaudi editore

Introduzione

Shelley Is Youth
ARTHUR SYMONS

«Le idee di Shelley mi sembrano sempre idee da adolescenti [...] ed un entusiasmo per Shelley mi sembra pure un fenomeno da adolescenti»[1]. Cosí T. S. Eliot, accennando a un'evidente immaturità nella poesia di Shelley, esprime un giudizio ritenuto assai comune tra i critici del poeta inglese. È proprio questa immaturità, scrive Humphrey House, che dà alla poesia di Shelley quell'immancabile popolarità con i giovani[2]. Come tanti giovani, Pavese è rimasto avvinto dalla poesia e dalla figura di Shelley. Il suo entusiasmo per il poeta inglese si rivela nel seguente brano di un esercizio critico: «La poesia dello Shelley fu ai suoi tempi definita "satanica". Pochissimi la degnavano del resto d'un'occhiata. Egli morí e pochi decenni dopo lo giudicarono terzo tra gli inglesi dopo Shakespeare e Milton. Io lo porrei il primo: il maggior lirico ch'abbia avuto la terra»[3].

La passione giovanile di Pavese per Shelley è un fatto poco noto. Dal 1923, anno in cui, quindicenne, Pavese passa dal «ginnasio moderno» al Liceo «D'Azeglio», fino al 1928, quando comincia a raccogliere materiale per la sua tesi di laurea su Walt Whitman, si collocano appunti, traduzioni, abbozzi di lavori critici e frammenti di rifles-

---

[1] T. S. Eliot, *The Use of Poetry*, R. Maclehose and Company Limited, Glasgow 1955, p. 89.
[2] H. House, *The Poet of Adolescence*, in Id., *Shelley*, Prentice-Hall Inc., Englewood Cliffs (New Jersey) 1965, p. 47.
[3] Nei manoscritti siglati FE gli scritti giovanili sono riuniti nelle sezioni FE1, FE2, FE3, FE21 e FE22. Si veda la *Nota al testo* per ulteriori precisazioni dei manoscritti. Questo pensiero inedito è conservato in FE2-4, c. 7v.

sioni che dimostrano una particolare attenzione a Shelley. Le traduzioni del poeta romantico rendono evidente che già nel 1923, con due anni di studi linguistici al «Moderno», la capacità di Pavese a capire l'inglese era piú che notevole.

Il materiale presentato in questo volume pare sollecitato da argomenti e problemi affrontati nell'ambito dei programmi scolastici, come testimoniano gli autori a cui Shelley viene unito: Dante, Carducci, Leopardi, D'Annunzio, Hugo e Shakespeare. Bisogna pure tener presente, come ci ricorda Bona Alterocca, che Pavese «leggeva di tutto, disordinatamente, anche fuori dai programmi scolastici. Andava sovente alla Biblioteca Civica e vi trascorreva interi pomeriggi»[4]. Tra le carte dei componimenti scolastici presenti nell'officina pavesiana si trova, appunto, una scheda della Biblioteca Civica di Torino con il seguente riempimento: «*The Poems* di Percy Bisshe Shelley, stampata a Oxford nel 1912 in 1 vol.»[5] Si ricorda, inoltre, qualche traduzione dei versi di Shelley che Pavese, in questi anni corrispondenti all'interesse per il poeta inglese, avrà potuto consultare durante le sue note visite sia nella Biblioteca Civica che nella Biblioteca Nazionale di Torino: *P. B. Shelley* tradotto da Carlo Faccioli (1902); *Poesie di P. B. Shelley* tradotto da Roberto Ascoli (1909); *Liriche e frammenti* tradotto da Cino Chiarini (1922); *Prometeo Liberato* tradotto in versi da Mario Rapisardi (1892); *Prometeo Liberato* tradotto in prosa da Ettore Sanfelice con prefazione di Giosue Carducci (1894); e *Prometeo Slegato* in versione metrica di Giuliano Bonuzzi (1901). È da notare che anche Pavese adopera il titolo *Prometeo slegato* per la sua versione in prosa del poema.

Non si sa con certezza a quale scopo Pavese volesse usare il materiale shelleyano. Un'annotazione del giugno 1925 ci offre qualche spunto di una possibile destinazione di almeno una parte del materiale: «Ho l'idea di scrivere

---

[4] B. Alterocca, *Pavese dopo un quarto di secolo*, Sei, Torino 1974, pp. 21-22.

[5] In FE2-20.

un libro su *I poeti della libertà*. Ciascun capitolo porterà in fronte il nome di uno di essi; e, sotto, dirò del poeta in questione tutto ciò che saprò dire riguardo alla sua opera in favore della libertà. Intendo parlare della grande fioritura letteraria dell'Ottocento, la piú alta che io conosca, la quale s'ispira direttamente o indirettamente alla rivoluzione francese, e ne canta gli ideali con uno slancio mai udito»[6]. Shelley, il «poeta del liberato mondo»[7], si colloca bene in un tale progetto. Nelle numerose pagine dedicate a Shelley, Pavese mette in rilievo quell'amore per l'umanità e l'universo, cantato dal poeta inglese, che pare ispirato dagli stessi ideali della rivoluzione francese: «Amava [Shelley] la bellezza, come la bontà. Per lui tutti gli aspetti dell'universo erano apparenze diverse d'una sola realtà, e Amore e questa realtà era velata dal Male come da una nebbia, che appena qua e là lascia scorgere gli oggetti. Ma questa nebbia sarebbe dileguata. Nel Prometeo Liberato, canta il trionfo su di essa. Egli amava tutto ciò che gli appariva bello e buono. Amava il sole come amava suo padre, una nuvola come una donna, gli esseri inorganici come gli organici, gli uomini le stelle»[8]. Questa interpretazione del *Prometheus Unbound* coglie in pieno il proposito di Shelley che egli stesso enuncia nella prefazione del suo poema: «Il mio proposito sinora è stato semplicemente di familiarizzare l'immaginazione altamente raffinata delle classi piú scelte dei lettori poetici con begli idealismi di eccellenza morale, sapendo che, finché la mente può amare, ammirare, confidare, sperare e sopportare, i principî ragionati di condotta morale sono semi buttati sulla gran strada della vita che il passante inconscio calpesta nella polvere, quantunque essi potrebbero dargli la messe della felicità»[9].

---

[6] Nei manoscritti siglati APX sono raccolte le carte del periodo giovanile. Questo appunto è conservato in APX 71, c. *9r*, numerato dal retro del quaderno.
[7] Cfr. G. Carducci, *Presso l'urna di Percy Bysshe Shelley*, in *Poesie di Giosue Carducci 1850-1900*, Zanichelli, Bologna 1927, p. 920.
[8] In FE21-22, c. *3r*.
[9] Cito dalla traduzione di Pavese; in APX 71, cc. *6v* e *7r*.

La sua istintiva identificazione del buono con la bellezza s'univa all'opinione nell'Europa rivoluzionaria che il risveglio della sensibilità alla bellezza potesse dar sbocco alla ricettività morale e cosí preparare il terreno alla libertà[10]. Pavese partecipa con maggior entusiasmo alla commozione suscitata intorno alla bellezza dei versi di Shelley appunto perché il poeta inglese ha saputo fondere «intenzione morale e intenzione estetica» mercè «il calore grande» dei suoi ideali: «Ma perché ci piace la bellezza? Perché ci commuove. La bellezza è quindi di un oggetto materiale, ma il grande fascino non viene che da sentimenti. Noi, guardando il "bello", pensiamo, ricordiamo, fantastichiamo e solo per questo ne siamo attratti. Maggiore è la commozione suscitata intorno alla bellezza e piú noi adoriamo questa bellezza. Tant'è che finimmo per dar nome di bella a certa poesia [...] Negli ultimi distici dell'elegia "Presso l'urna di Percy Bisshe Shelley" io posso ammirare la purezza greca dello stile, del verso, la plasticità delle descrizioni, la sintesi prodigiosa, tutta la bellezza insomma, ma non piú in là. Ma se ho compresi i grandi ideali dello Shelley, se me li sento in cuore: pronunciando quei versi la mia anima si gonfia e diventa una foglia levata nel turbine di quell'ispirazione sublime»[11].

Nonostante che questi testi siano per la maggior parte in fase di elaborazione, e suscettibili di sviluppi, si ritiene opportuno presentarli ai lettori per gettare luce sugli esordi di Pavese poeta e scrittore. Le traduzioni di Shelley, inoltre, rappresentano i primi passi di Pavese traduttore. Per Pavese l'attività del traduttore fu un esercizio insostituibile per chi si trovava alla ricerca di un'identità come scrittore. Gli appunti del maggio 1926 avvertono il ruolo fondamentale del tradurre nell'apprendistato artistico di Pavese: «Perché temo tanto la penna e il tavolino? Eppure, e me lo debbo ficcar bene in testa, se voglio riuscire grande debbo durare a comporre di mio e tradurre per al-

---

[10] Cfr. R. Tetreault, *The Poetry of Life: Shelley and Literary Form*, University of Toronto Press, Toronto 1987, pp. 171-72.

[11] In APX 70, cc. 30*v* e 31*r*.

meno sei ore al giorno. Il resto della giornata passarlo studiando o sui libri stampati o nella vita. E, se dopo sei o sette anni non avrò ancora concluso nulla, non l'avrò ancora il diritto di serrarmi torvo nella delusione. Dovrò semplicemente raddoppiare le ore di lavoro e finalmente confessarmi d'aver sbagliato mestiere»[12]. Questa riflessione evidenzia l'ossessiva e faticosa operazione artigianale che Pavese riteneva fondamentale per diventare scrittore. Qui si rivelano, inoltre, i prodromi di un processo tecnico e artistico che si traducono in disciplina stilistica. Anni dopo, Pavese riconosce, in una riflessione del suo diario, quanto è ardua la strada verso il «cristallo», cioè verso uno stile («Se ti riuscisse di scrivere senza una cancellatura, senza un ritorno, senza un ritocco – ci proveresti ancora gusto? Il bello è forbirti e prepararti in tutta calma a essere un cristallo»)[13]. Visto da una tale ottica, il tradurre è un impegno difficile e tormentoso che valuta, sperimenta, e ricerca il valore di un'opera per la sua espressività creativa. Perciò non si tratta di uno sterile esercizio di erudizione ma, semmai, di un esercizio per la ricerca e l'affinamento dello stile e della lingua. Per un artigiano dello stile come Pavese che si prepara a realizzare lo stato di cristallo, le sue traduzioni di Shelley fanno parte di una prima e fondamentale tappa per raggiungere la tanta desiderata grandezza artistica: «Sarai grande se non scriverai una sola frase che senza danno possa venir cancellata. Guarda lo Shelley: nessuno descrive tanto come lui, eppure egli non ha una parola che non contenga parte del suo pensiero, o un aspetto diverso di questo»[14].

Questa riflessione risulta di particolare interesse perché

---

[12] In APX 13, c. 1r.
[13] C. Pavese, *Il mestiere di vivere*, Einaudi, Torino 1990, p. 315. G. L. Beccaria (*Le forme della lontananza*, Garzanti, Milano 1989, p. 83) si riferisce a questa citazione per dimostrare la fatica dello scrivere per Pavese: «Scrivere è pentimento, non soddisfazione; atttività antinaturale, perché non sfogo; non è contenuto, di cui uno scrittore, sottolineano ripetutamente per sé Alfieri e Pavese, ha sempre in abbondanza. Non è corrispettivo di una intensità di vita, ma graduale e faticosa costruzione».
[14] C. Pavese, *Lotte di giovani*, Einaudi, Torino 1993, p. 181.

ci indica il ruolo determinante che svolge la parola nella preistoria di Pavese scrittore e poeta. Altrettanto interessanti in questo contesto sono gli appunti di lingua delle poesie di Shelley, *Ode al vento occidentale* e *La nuvola*, che costituiscono, pare, un'operazione preparatoria alla traduzione: un'ipotesi che viene corroborata dalla scoperta de *La nuvola* tra i testi tradotti da Pavese. Ciò che emerge da queste annotazioni, che compaiono nell'appendice di questo volume, è l'immagine dello scrittore-traduttore che esplora e misura sia in italiano che in inglese tutte le possibili accezioni di un vocabolo e i suoi derivati prima di operare una scelta. Le annotazioni documentano con quale minuziosa cura Pavese studiasse i vocaboli dell'originale e confermano, inoltre, la sua sensibilità allo stretto rapporto tra parola e pensiero nel discorso poetico di Shelley. L'ammirazione di Pavese per la potente sintesi d'espressione di Shelley è evidenziata dal seguente commento dei celebri versi di *Ode al vento occidentale*: «*O! lift me as a wave, a leaf, a cloud! I fall upon the thorns of life! I bleed!* All the ideals of Percy Bisshe Shelley are in this exclamation. We feel the despair of the poet, who extols himself till to supplicate the West Wind to lift him as a wave, a leaf, a cloud: A wave: the sea, the greatest love of the poet! A leaf: the love of the terrestial Nature! A cloud: the love of Heaven, of [h]is deep blue, of his white flocks, of his sparkling stars! and feel after all the sorrow, the lowness of the human life». L'utilizzazione dell'inglese, sebbene a volte libresco e approssimativo, nel commentare le liriche in questione non solo dimostra il suo desiderio di impadronirsi di una lingua nuova, ricca di espressione, ma serve ad aguzzare la percezione di Pavese nei confronti della lingua straniera, permettendogli di espandere e penetrare la propria lingua. Queste pagine anticipano l'assiduo esercizio pre-testuale che sarà tipico delle sue traduzioni piú note.

Uno sguardo alle urgenze fantastiche ed espressive del giovane Pavese ci aiuta a capire meglio questo suo interesse per Shelley. Nel suo studio dei primi tentativi poetici di Pavese, Mariarosa Masoero ha saputo cogliere ed esprimere la tensione costante inerente nelle sue opere giovanili: «Arte e sogno, illusione e sconforto, entusiasmo e tormento sono le coordinate entro cui è racchiuso il mondo dello scrittore, la sua autobiografia lirica insomma. Un'autobiografia che conosce la presenza ingombrante e titanica di un "io" che soffre e si compiange»[15]. La lettera di Pavese all'amico Tullio Pinelli, datata 12 ottobre 1926, mette in risalto l'angoscia e la confusione che caratterizzano le sue opere narrative e liriche di quest'epoca: «Sono uno dei tanti figli infraciditi dell'800. Troppo grande in pensiero, sentimenti e azione è stato quel secolo; grande altrettanto, per legge storica, dev'essere l'abbattimento di quelli che non possono piú credere ai suoi ideali e non ne sanno trovare risolutamente altri nuovi. Ti dirò: hanno paura a trovarne dei nuovi. Cosí sono io»[16]. Pavese ammette di essersi infatuato dell'Ottocento e si accorge che quegli ideali del secolo precedente «Liberté, Egalité, Fraternité» avevano fallito ed egli non può piú crederci; tuttavia, non ha la forza di reagire e di cambiarsi l'anima. Pavese confessa al suo amico Pinelli il bisogno di «un animo forte, un carattere [...] che s'imponesse su tutta quell'anarchia che mi regna dentro»[17]. Pavese rimuginava da tempo questo conflitto fra i suoi ideali romantici ed il reale, ed insieme la confusione di arte e vita. Dalle annotazioni fitte di Pavese che riguardano la sua attentissima lettura dell'*Ode al vento occidentale* (Pavese traduce *Ode al vento Aquilonare*) trapelano i primi segni del conflitto: «Mi dicono ch'è male inseguire delle fole, che sono troppo giovane, che il mondo non è un sogno, che la bella vita sta nel sapersi ammucchiare tanto denaro, che l'amore è passato come gli eroi ed i cavalieri di ferro. Ora comprarsi, pescicani, un automobile [*sic*], trovare un buon partito e disertarsi poi a vicenda ecco la bella vita del secolo ventesimo. No, no, secolo mec-

---

[15] M. Masoero, *Pavese, poeta dell'angoscia*, in «Bollettino del Centro studi Cesare Pavese», 1, 1993, p. 65.
[16] C. Pavese, *Lettere 1924-1944*, a cura di L. Mondo, Einaudi, Torino 1966, p. 40.
[17] *Ibid*.

canico tu non sei il mio sogno, sei troppo oleoso per gradire al mio naso. Chi non ha amici tra i vivi se li cerca tra i morti ed io, cretinissimi viventi, ne ho trovati un numero sublime tra i morti immortali»[18].

In quell'altalena di illusioni e delusioni, di entusiasmo e pessimismo, e di ribellione e rassegnazione Pavese cerca conforto in quegli autori che hanno provato simili sentimenti e li hanno espressi nelle loro opere. I versi di Shelley sono particolarmente indicati per esprimere le emozioni contrarie che provava Pavese dal confronto tra un ideale di vita e la realtà. La poesia *A un'allodola* è un caso esplicativo di questi sentimenti contrastanti: «egli [Shelley] s'innalza sul canto serotino dell'uccello, lo rende con mille immagini: lode, rimpianto, desiderio, estasi si fondono in quei versi meravigliosi, poi gli appare lo stato umano tanto triste di fronte a quello dell'allodola che come una gioia incorporea nata ora soltanto fluttua e si precipita nei lampi d'oro del sole tramontato, su cui rifulgono. E allora: "Yet if we could scorn | hate and pride and fear | if we were things born | not to shade [sic] a tear | I know not how thy joy we ever should come near" (Anche se noi potessimo sprezzare odio, superbia e paura, se fossimo esseri nati a non spargere una lacrima non so come potremmo mai avvicinarci alla tua gioia)»[19].

Un altro caso eloquente, secondo Pavese, è Giosue Carducci: «bisogna sapere che con tutte le sue aspirazioni, coi suoi entusiasmi, colle sue fedi nella libertà, nella giustizia, nel bene insomma, questo gran poeta del Risorgimento aveva istanti di nero pessimismo»[20]. Nei suoi esercizi di lingua ispirati dalle poesie del Carducci Pavese ammira la schiettezza con cui il poeta italiano confessa la nullità del tutto ed i suoi «istanti di tedio, di sconforto» e, di conseguenza, egli «tocca piú che mai il cuore del lettore». Pavese giudica l'elegia *Presso l'urna di Percy Bysshe Shelley* il

---

[18] Pensiero inedito conservato in FE2-38, c. 33r; la riflessione è datata XII-2-1923 di pugno dello stesso Pavese.
[19] In FE2, c. 3v.
[20] In FE21-22, c. 1r.

miglior esempio della poesia carducciana di quell'alternarsi di stati d'animo contrastanti, sollecitato dal confronto tra il suo mondo ideale e il reale: «Talvolta, inoltre, in un solo componimento, s'incontrano, fondendosi in un sublime oblio i pensieri opposti che si contendono la mente del poeta, sí che la tempia arde nell'entusiasmo dell'ideale e il cuore sanguina nella convinzione che tutto è una nuvola, bella, fluida, ma non altro che vapore acqueo in balia della temperatura e dei venti»[21]. Pavese è rimasto particolarmente colpito dalla celebre definizione di Shelley («spirito di Titano | entro virginee forme»), coniata dal Carducci:

> Quell'accennare allo «spirito» dice tutta la noncuranza della vita materiale, ch'aveva lo Shelley, ma insieme la forza del suo carattere, la magnanimità. «Di titano» cioè simile allo spirito del tuo Prometeo, ribelle in nome dell'umanità, dell'amore della giustizia. Ma Prometeo era incatenato alla sua rupe di dolore. Ecco un altro pensiero accessorio che s'aggiunge alla folla suscitatane dall'invocazione. La rupe dello Shelley! Egli s'innalzava nella contemplazione d'una bellezza, nell'ascoltare una melodia al canto di un'allodola, poi abbassava a un tratto gli occhi a questo suolo (ground) e il cuore gli sanguinava a scorgerlo tanto diverso dal suo mondo ideale. Egli non avrebbe piú voluto un dolore, un'ingiustizia, un odio: un solo alito bramava sull'universo – l'amore. – Il suo aspetto esterno era delicato, pareva una fanciulla a guardarlo in volto pallido, pallido coi grand'occhi sognanti atteggiati a compassione «I wish [no living thing to suffer] pain»: E cosí l'«entro virginee forme» compisce la sua descrizione, in sei parole la piú perfetta che si [è] mai fatta[22].

Questi appunti dànno ulteriore conferma alla posizione di rilievo che occupa la letteratura del dolore nella capacità creativa di Pavese. Egli privilegia gli autori che hanno avuto «una vita di sofferenza eroica» ma hanno fatto nascere delle autentiche opere d'arte da quella sofferenza («Nessuna gioia supera la gioia di soffrire» lettera in risposta a una

---

[21] *Ibid.*, cc. 2*r* e *v*.
[22] In APX 17, cc. 5*r* e 6*r*.

lettera del 4 novembre 1924 a Mario Sturani)[23]. Fallite le grandi illusioni umane, questi poeti del dolore, secondo Pavese, «esaltano la natura [...] vivono in essa perché nell'umano non trovano piú che tedio, dolore»[24].

Pavese era ben consapevole che il suo dialogo con gli uomini del passato sarebbe entrato in pieno contrasto con le teorie dei futuristi che allora combattevano le loro battaglie: «Essa [la scuola artistica del futurismo] rinnega tutto il passato tutto ciò che sa di passato e si butta sull'avvenire, accettando a mala pena il presente. Per lei non ha valore che il nuovo, l'improvviso, il rapido, ma non s'accorge che le sue teorie buonissime in fondo, le applica malamente, a casaccio. Noto subito che qualche futurista qui potrebbe urlarmi in faccia "ma scopo di queste teorie è appunto applicarle a casaccio!"»[25]. Prima di convenirne Pavese desidera esaminare a fondo la faccenda e difendere le sue scelte artistiche, usando i versi di Shelley come esempio di quella che cerca nell'arte: «Io credo che vecchio, noioso statico, sia solo ciò che muove né i sensi né l'animo. Tutto il resto è giovane interessante, vivo. Certo, la grammatica inglese per me è vecchia noiosa statica, ma chi osa dirmi che siano anche i versi dello Shelley. Essi m'accendono il cuore, m'entusiasmano rivivono in me sempre nuovi, freschi, come la natura che li ha ispirati. Dovrei chiudere quel libro scritto un secolo fa, per la semplice ragione che cent'anni, ad uno ad uno, vi sono trascorsi sopra? E dovrei gettarmi a divorare i vostri aborti: per la semplice ragione che hanno un solo giorno d'esistenza? No, io cerco

---

[23] Pavese, *Lettere 1924-1944* cit., p. 3. In risposta a una lettera del 23 novembre 1925 all'amico Sturani, Pavese scrive del dolore che serve da stimolo per le sue opere: «Ma, ti assicuro, il mio male non è piú la malinconia consueta, di accademia che tu credevi l'altr'anno (ricordi?): è una lotta di tutti i giorni, di tutte le ore contro l'inerzia, lo sconforto, la paura; è una lotta, un contrasto in cui si va affinando, temprando il mio spirito come un metallo si separa nel fuoco dalla sua ganga e s'indura. Questa lotta, questa sofferenza che mi è insieme dolorosa e dolcissima mi tien desto, sempre pronto, essa insomma mi trae dall'animo le opere» (p. 11).
[24] In APX 11, c. 1v.
[25] In FE21-22, c. 28r.

nell'arte, come nella vita, ciò che mi commuove, mi suscita sentimenti, non altro»[26]. S'intuisce in questo pensiero una concezione dell'arte e della poesia che è fondata sui libri dei grandi poeti. Nella sua difesa della scelta di Shelley c'è una componente classica in Pavese che emerge dall'esigenza di costruire sulle idee e sui sogni dei grandi i propri sogni e le proprie idee[27]. Ecco Pavese, non rinnegatore ma fedele continuatore della tradizione italiana: «L'arte italiana è quasi sempre partita dall'imitazione ora dell'arte classica, ora di correnti piú moderne straniere. Ed è raro riuscire poeti nell'imitazione (si può, sí, riuscirvi, ma solo quando l'imitatore si sia impregnato dello spirito dell'imitato, ne abbia fatto spirito suo. Poiché l'ispirazione artistica nasce soltanto da sentimenti profondamente sentiti). Rendere il piú sinceramente possibile i propri stati affettivi interni, ecco quello che hanno fatto gli artisti piú grandi, che noi chiamiamo creativi. E non teorizzando *creeremo* un'arte nuova, ma semplicemente facendo come quei grandi, cioè esprimendo noi stessi, esprimendo ciò che vi ha di piú sentito in noi. Questa è l'unica imitazione dovuta ai predecessori, patrii o stranieri»[28]. Questa riflessione, proveniente dal quaderno che contiene la traduzione di Pavese della prefazione del *Prometheus Unbound*, aderisce all'idea di Shelley, riguardante la poesia come arte mimetica, proposta appunto nell'introduzione al poema: «In quanto all'imitazione, la poesia è un'arte mimetica. Essa crea, ma crea colla combinazione e colla rappresentazione. Le astrazioni poetiche sono belle e nuove, non perché le parti di cui sono composte non abbiano un'esistenza precedente nella

---

[26] *Ibid.*
[27] A Carlo Pinelli, il 3 settembre del '29, discorrendo del «mestiere infame» di impartire la cultura agli altri, Pavese consiglia di seguire il suo metodo di studiare: «Tu devi farti un mondo di libri di poeti, cioè di uomini che han vissuto nella vita come te e come me e solo si ricordano ancora perché hanno avuto la forza di lasciare opere degne. Amarne gli spiriti, discuterne le idee, sognarne i sogni collo scopo di costruire su di loro il *nostro* spirito, di trovare in discussione colle loro le *nostre* idee, e di sognare per esser degni di loro i *nostri* sogni».
[28] In APX 71, cc. 7r e v, numerate dal retro del quaderno.

mente dell'uomo o nella Natura, ma perché l'insieme prodotto dalle loro combinazioni ha una certa intelleggibile ed ammirevole analogia con quelle sorgenti di emozione e di pensiero e colle loro condizioni contemporanee. Un gran poeta è un capolavoro della Natura, che un altro non soltanto è tenuto a studiare, ma deve studiare»[29].

Il giovane Pavese è un artista alla ricerca di una nuova vita che gli permetterebbe di rivivere gli ideali ed i sentimenti d'autori che decide di imitare. Nonostante ciò egli ammette che nel diciannovesimo secolo nessuno poteva piú approvare gli ideali della pace, dell'amore, della libertà e dell'uguaglianza perfetta che Shelley predicava. Per Pavese l'epoca dello scetticismo e del materialismo non era il luogo per i valori primitivi di Shelley; invece, «egli era degno di nascere nei primi tempi della vita di un popolo, di esserne il Prometeo, di cantarne la gioi[a] tra la natura»[30]. A causa della mancanza di una fede nel tempo dello scetticismo e del materialismo, Shelley visse solo la sua vita. In quell'immagine del titano incatenato alla rupe Pavese non solo vedeva il poeta inglese, ma anche si riconosceva in quella figura solitaria; di fatto, si riscontra l'influenza della sua lettura e della traduzione del *Prometheus Unbound* in una poesia giovanile in cui i propri sentimenti si manifestano nell'angoscia stanca dell'intrepido Titano[31]. La fonte di questa angoscia è il pensiero che continua a tortu-

---

[29] La traduzione è di Pavese. In APX 71, c. 5r.
[30] In FE2-4, c. 8r.
[31] *All'alta rupe sul mare*, datata 26 gennaio 1928. Segue la traduzione della poesia («To the high rock on the sea»), fatta da Pavese (cfr. *Pavese giovane,* Einaudi, Torino 1990, pp. 28-32. Questa poesia rappresenta, secondo il giudizio dell'amico Massimo Mila, una delle poesie piú riuscite del giovane Pavese. Nel seguente brano Mila si riferisce alla suaccennata poesia usando il titolo *O Titano fallito*: «Ora, dice il nostro buon padre Croce che l'arte è sentimento, sí, ma sentimento fatto rappresentazione, fatto immagine. Tant'è vero che le poesie che, secondo me, si distaccano e spiccano su tutte le altre, raggiungendo una propria vitalità artistica, sono quelle che lasciano luogo a una immagine che impersona il tuo sentimento, a qualche cosa di te (Monti ci ha insegnato in liceo che molto della grandezza del Leopardi sta in quei richiami della natura che vibrando all'unisono coi sentimenti del poeta ne originano l'espansione). Queste poe-

rare Pavese e lo rende impotente a lottare per un ideale: «l'universo non è e non potrà mai essere il dominio esclusivo del bene e dell'amore, come lo vuole Shelley»; invece, è un luogo in cui «il male lotta col bene e sovente la vince, in cui l'odio s'oppone all'amore»[32]. Pavese si riconosce di essere poco disposto a venire a patti con la propria epoca e a trovare un'espressione che riflette un mondo di forze antagonistiche: «Il mio spirito è insomma una copia fedele di ciò che sarebbe il mondo cogli ideali dell'800 realizzati alla meglio, senza l'opposizione del '900»[33].

Con la scoperta di Walt Whitman, Pavese cerca di trasferire i valori di Shelley su uno sfondo moderno. Per Pavese, il senso di vitalità e la gioia di vivere di Whitman, e la sua America, erano in antitesi con la sua esistenza solitaria e contemplativa. Nella lettera a Pinelli del 19 settembre del 1926, Pavese rivela come il suo entusiasmo per Whitman gli ha aperto una nuova prospettiva della città; tuttavia, si intuisce una paura e un'incapacità di fare parte del mondo che lo attrae: «Ora io, non so se sia l'influenza di Walt Whitman, ma darei 27 campagne per una città come Torino. La campagna sarà buona per un riposo momentaneo dello spirito, buona per il paesaggio, vederlo e scappar via rapido in un treno elettrico, ma la vita, la vita vera moderna, come la sogno e la temo io è una grande città, piena di frastuono, di fabbriche, di palazzi enormi, di folle e di belle donne (ma tanto non le so avvicinare) [...] Io ho anche lavorato, ma giorno per giorno mi cresce la voglia di dare un calcio a tutto e scappar di casa senza un soldo e scorrazzare per il mondo. Così s'impara la vita, non almanaccando sui libri»[34]! All'origine di questa dichiarazione c'è, come Michele Tondo ha messo in luce nel suo studio sulla tesi di laurea di Pavese, «la viva adesione

---

sie sono dunque secondo me: Stasera, per un attimo, E ancora questa notte, anima mia [...] O Titano fallito, Penso la mia vecchiezza solitaria, Ogni notte, tornando dalla vita. Queste le ammiro molto, sono davvero belle, perfette». Pavese, *Lotte di giovani* cit., p. 221.

[32] In FE21-22, c. 7r.
[33] Pavese, *Lettere 1924-1944* cit., p. 40.
[34] *Ibid.*, p. 35.

alla *Weltanschauung* espressa dal poeta americano, a quell'ideale di una vita piena, affrontata con decisione virile e insieme con una sete di libertà e con un'innocenza»[35]. Per Pavese, questa visione del mondo costituirà, secondo Tondo, l'obiettivo da raggiungere, quella maturità tanto sognata ma mai realizzata. Era un tentativo di combattere il suo destino di solitudine e incertezze.

Queste paure, effusioni di entusiasmo, illusioni e delusioni denotano i conflitti dell'adolescente che hanno perseguitato Pavese tutta la vita (il 24 maggio del 1938 il trentenne Pavese annota nel suo diario lo stato di confusione e la difficoltà che prova a venire a patti con la realtà: «È bello quando un giovane – diciotto, vent'anni – si ferma a contemplare il suo tumulto e cerca di cogliere la realtà e stringe i pugni. Ma meno bello è farlo a trenta come se niente fosse successo. E non ti viene freddo a pensare che lo farai a quaranta, e poi ancora?»)[36]. Nonostante l'attrattiva dell'azione e dell'energia nella vita, l'arte prende il sopravvento sulla vita. Sembra il caso quando in mezzo ai bombardamenti Pavese si sente costretto ad annotare: «Sempre letterato. Piovono tutt'ora le bombe e tu pensi già a farne un racconto». Quest'ultima affermazione proviene dal cosiddetto «taccuino segreto» di Pavese che ha suscitato reazioni relative all'antifascismo dello scrittore[37]. In risposta alla questione dell'antifascismo di Pavese, Luisa Sturani, figlia di Augusto Monti e moglie di Mario Sturani, l'amico intimo dello scrittore piemontese, ci offre un giudizio particolarmente interessante: «Diciamo la verità. Pavese non è mai stato antifascista. Non è mai stato niente. Era un eterno adolescente, un uomo tormentato nevrotico. Oggi diceva una cosa, domani un'altra. Per noi era come un fratello, poi siamo tutti cresciuti: lui è rimasto ragazzo, e la sua disgrazia di uomo può essere stata la

---

[35] M. Tondo, *L'Incontro di Pavese con Whitman: La tesi di laurea*, in «Il Ponte», XXV (1969), p. 711.

[36] Pavese, *Il Mestiere di vivere* cit., p. 101.

[37] *Il tormento di Pavese, prima che il gallo canti*, in «La Stampa», 8 agosto 1990, p. 16.

sua fortuna di scrittore [...]»[38]. Il giudizio della Sturani richiama alla mente quello di suo padre che rafforza il nostro parallelo Pavese-Shelley (poeta romantico): «[...] la tragedia di Pavese – come i romantici – è d'aver cristallizzato il momento della adolescenza, dello squilibrio tra velleità e capacità, ed esserselo trascinato dietro per tutta la vita, breve o lunga che avesse potuto essere»[39].

Pavese «un eterno adolescente» ci fa pensare ai nostri commenti introduttivi riguardanti Shelley il poeta dell'adolescenza. Per molti, secondo Humphrey House, l'amore per Shelley era una maggiore esperienza per il loro sviluppo nell'età giovanile – un amore non solo per qualche poesia particolare ma per un'idea di Shelley o, addirittura, per lo stile shelleyano («the Shelley style»); tuttavia, ci sono pochi, sempre secondo House, in cui questa passione è durata oltre la giovinezza[40]. Durante il cosiddetto «Processo a Pavese» di qualche anno fa si riscontravano simili affermazioni a proposito di Pavese come scrittore. Egli fu classificato «uno scrittore per lo sviluppo dell'adolescenza» e «importante ai tempi dell'adolescenza o della prima giovinezza»[41]. La dichiarazione di Moravia «in Pavese c'è un'immaturità commovente e imbarazzante»[42] sembra far

[38] M. Baudino, *Pavese fu vero antifascista?*, in «La Stampa», 9 agosto 1990, p. 15. Alla luce del giudizio della Sturani, si veda un pensiero inedito del giovane Pavese conservato in FE21-22, 6r: «A poco a poco mi sono accorto e continuo ad accorgermi sempre piú chiaro che tutte le qualità peggiori sono le mie. Poi, se vedo che nella vita vi è del bello e del buono cioè del piacere gustabile in santa pace, subito erro a pensare a tutto l'altro piacere, definito volgare, morboso, ecc., ecc.; mi domando: perché mai godere solo del primo? e il pianto a metà che non so piú andare avanti. Quel po' d'idealismo rancido nevrastico che resta in me, m'impedisce di considerare la vita nella sua realtà e di cercare idee che mi permettano di vivere un po' meglio».

[39] Lettera inedita di Augusto Monti a Davide Lajolo conservata presso l'Archivio Davide Lajolo, Vinchio d'Asti. La lettera, datata 1° maggio 1960, riguarda le correzioni suggerite da Monti a Lajolo per la sua biografia di Pavese *Il vizio assurdo*. Ringrazio Laurana Lajolo per avermi fornito una copia della lettera di Monti a Lajolo.

[40] House, *Shelley* cit., p. 47.

[41] G. Manacorda, *Ritorno di un artista cancellato*, in «Mercurio» («la Repubblica»), 10 marzo 1990, p. 4.

[42] *Ibid.*

eco al parere di J. A. Symonds espresso nel 1879 nei riguardi di Shelley: «the final word to be pronounced in estimating the larger bulk of his poetry is the word immature» («il termine definitivo da usarsi nel giudicare la maggiore parte delle sue poesie è quello di immaturità»)[43]. Le analogie non si fermano qui. Intorno alle due figure è rimasta una confusione di poesia, di politica, e di maniera intellettuale; un'incertezza generale rispetto alle discussioni sulla morte e sul sesso. Negli ultimi anni gli studiosi di Shelley hanno cominciato a rivalutare molti aspetti del poeta inglese ed è emersa una nuova impressione di Shelley, compresa quella d'artigiano[44]. Con la pubblicazione del prezioso materiale giovanile di Pavese – come queste traduzioni da Shelley – ci si augura che verrà una simile rivalutazione delle opere dello scrittore piemontese; e, di conseguenza, ci sarà maggior attenzione a Pavese l'artigiano dello stile e meno attenzione al mito Pavese.

MARK PIETRALUNGA

[43] House, *Shelley* cit., p. 47.
[44] R. Holmes, *The New Shelley*, in «New York Review of Books», 24 settembre 1992, p. 21.

Ringrazio Marziano Guglielminetti, che mi ha permesso di consultare i manoscritti nell'Archivio Pavese, per i suoi preziosi consigli, e Mariarosa Masoero per la sua grande disponibilità e per i suoi inestimabili suggerimenti nelle varie fasi di questo lavoro.

Nota ai testi

Si raccolgono per la prima volta in questa edizione le traduzioni di Pavese da Shelley. Nonostante il carattere provvisorio dei manoscritti, si ritiene opportuno presentare al pubblico questi testi poetici per gettare luce sull'apprendistato dello scrittore piemontese. I testi pubblicati sono custoditi nell'Archivio Pavese presso il «Centro di Letteratura Italiana in Piemonte Guido Gozzano» dell'Università di Torino. Gli esercizi scolastici si trovano tra le carte di scritti giovanili catalogati con le sigle APX e FE. In APX il materiale del presente volume è sparso tra i 69 fascicoli di carte sciolte e due quaderni (APX 70-71), mentre in FE esso è confluito nelle sezioni FE2 e FE21 quaderni e fogli sciolti di formato non uniforme. Il materiale in FE2 è contenuto in una cartellina di cartoncino verde che reca sulla fronte la scritta «Giovanili-Prose scolastiche». Una redazione completa in prosa del *Prometeo* (esclusa la *Prefazione*) è conservata in un fascicolo, APX 22, di carte di vario tipo. Il manoscritto è senza data e testimonia un travaglio correttorio costante. Le carte non sono numerate e lo stato di conservazione è scadente. Il quaderno APX 71 contiene la traduzione in prosa della prefazione e dei primi 73 versi del *Prometeo* in bella copia. Tra le traduzioni del *Prometeo* in APX 22 e APX 71 si è privilegiata la seconda in base a uno stadio di elaborazione più evoluto, relegando nelle *Note Filologiche* del volume gli analoghi versi di APX 22. Utilizzato il testo di APX 71 si è servito di APX 22 per la rimanente trascrizione del *Prometeo*. Per le altre traduzioni ci sono pervenute solo le minute, con varianti, cassature e rifacimenti parziali; fa eccezione la bella copia de *La nuvola* in APX 70, un quaderno contenente numerose poesie giovanili degli anni 1923-25 in veste definitiva. Si registrano ulteriori attestazioni dei manoscritti nelle *Note Filologiche*. Per quanto riguarda l'apparato critico delle varianti si fornisce solo l'ultima fase reperibile in ogni testimone. Le *Appendici* raccolgono materiale (frammenti di traduzione, riflessioni scolastiche e annotazioni critiche) pertinente alle poesie e alla figura dello Shelley.

NOTA AI TESTI

Nella trascrizione si è riprodotto fedelmente l'autografo e si è intervenuto solo per comodità di lettura. Si sono corrette le evidenti omissioni nella punteggiatura, cosí come si sono emendati errori che rientrano nella casistica consueta dei trascorsi meccanici o delle sviste dovute a disattenzione. Per la grafia, si sono rispettate certe anomalie ortografiche (*publica, republica, republicano, roccie, lancie, treccie*).
Abbiamo corretto:

Prometeo slegato

Prefazione:

p. 5, r. 26: *eterne* in *esterne* (il testo inglese ha: *external*)
    10,   1: *L.* in *Lord*

Atto I

p. 19, r. 8: *vuoi* in *voi* (nei varianti P. ha *voi*)
   21,   29: *un'auriga* in *un auriga*
   35,   21: *fuco* in *fuoco*
   35,   26: *Quinta Furia* in *Prima Furia* (nel testo originale *First Fury*)
   41,   13: *del aurora* in *dell'aurora* (*sole nascente* è cancellato)
   49,   5: *orizonte* in *orizzonte*
   49,   19: *desolatione* in *desolazione*
   55,   10: *un orifiamma splendido* in *un'orifiamma splendida*
   63,   6: *sognagno* in *sognano*
   63,   31: scena I: didascalia: *Asia* in *Pantea* (il testo inglese ha: *Panthea*)
   67,   5: *Pantea* in *Asia* (l'originale ha: *Asia*)

Atto II

p. 69,   1: *Asia entrando* in *Pantea entrando* (l'originale ha: *Panthea enters*)
   75,   31: *quelli occhi* in *quegli occhi*
   81, 14-15: scena II: *ultimo canzone* in *ultima canzone* (P. corregge «canzone» su «canto» ma lascia «ultimo»).
   81,   28: *digelo* in *disgelo*
   87,   17: scena III: *digelo* in *disgelo*
   95,   39: scena IV: *il alto* in *in alto*

Atto III

p. 117, r. 20: scena II: *sotti* in *sotto*
    123,   16: scena III: *ed l'errore* in *e l'errore* (P. corregge *l'errore* su *errore* ma lascia *ed*)
    123,   17: *bel Spirito* in *bello Spirito*
    131,   36: scena IV: *un'ostacolo* in *un ostacolo*
    133,   32: *terantole* in *tarantole*
    135,   8: *c'introntrammo* in *c'incontriamo* (l'originale ha: *we meet again*).

Atto IV

p. 143, r. 18: scena I: *diratate* in *diradate*
    155,   33: *incamento* in *incantamento* (l'orignale ha: *enchantment*)
    157,   33: *ciascun spazio* in *ciascuno spazio*
    161,   12: *giaciono* in *giacciono*
    161,   24: *moltiplicano* in *moltiplicavano* (il testo inglese ha: *increased*)
    165,   33: *su* in *sul*
    165,   36: *muove* in *muovono*
    175,   10: *delle armonia* in *delle armonie* (l'originale ha *harmonies*)
    175,   18: *agli animale* in *agli animali* (l'originale ha *beasts*)
    179,   3: *delle morte* in *della morte*

A un'allodola

p. 197, r. 8: *Nel lampi* in *Nei lampi*
    199,   7: *un vanteria* in *una vanteria*

Aretusa

p. 209, r. 26: *lunghesse* in *lunghesso*

Per quanto riguarda le poche imprecisioni di traduzione nel *Prometeo* non si è ritenuto di dover intervenire perché non sono tali da compromettere la coerenza del testo italiano. Si è deciso, inoltre, di lasciare nel testo le parole inglesi non tradotte dando invece la traduzione redazionale a pie' di pagina.

PROMETHEUS UNBOUND
A Lyrical Drama in Four Acts

AUDISNE HÆC AMPHIARÆ, SUB TERRAM ABDITE?

PROMETEO SLEGATO
Dramma lirico in quattro atti

PREFACE

The Greek tragic writers, in selecting as their subject any portion of their national history or mythology, employed in their treatment of it a certain arbitrary discretion. They by no means conceived themselves bound to adhere to the common interpretation or to imitate in story as in title their rivals and predecessors. Such a system would have amounted to a resignation of those claims to preference over their competitors which incited the composition. The Agamemnonian story was exhibited on the Athenian theatre with as many variations as dramas.

I have presumed to employ a similar licence. – The *Prometheus Unbound* of Æschylus supposed the reconciliation of Jupiter with his victim as the price of the disclosure of the danger threatened to his empire by the consummation of his marriage with Thetis. Thetis, according to this view of the subject, was given in marriage to Peleus, and Prometheus, by the permission of Jupiter, delivered from his captivity by Hercules. – Had I framed my story on this model, I should have done no more than have attempted to restore the lost drama of Æschylus; an ambition, which, if my preference to this mode of treating the subject had incited me to cherish, the recollection of the high comparison such an attempt would challenge might well abate. But, in truth, I was averse from a catastrophe so feeble as that of reconciling the Champion with the Oppressor of mankind. The moral interest of the fable, which is so powerfully sustained by the sufferings and endurance of Prometheus, would be annihilated if we could conceive of him as unsaying his high language, and quailing before his successful and perfidious adversary. The only imaginary being resembling in

PREFAZIONE

Gli scrittori tragici greci, scegliendo come loro soggetti episodi della storia nazionale o della mitologia, usavano trattandoli una certa discrezione arbitraria. Essi non si concepivano in alcun modo legati ad aderire all'interpretazione comune o ad imitare nell'intreccio come nel titolo i loro rivali e i predecessori. Un sistema simile sarebbe finito nella rinuncia di quei diritti alla preferenza sui competitori che eccitavano la composizione. La storia d'Agamennone venne rappresentata nel teatro Ateniese con tante variazioni quanti furono i drammi.

Io ho presunto d'usare una simile licenza. Il Prometeo Slegato d'Eschilo supponeva la riconciliazione di Giove colla sua vittima in premio della rivelazione del pericolo incombente alla sua potenza per le sue nozze con Teti. Teti, secondo questa veduta del soggetto, venne sposata a Peleo e Prometeo, col permesso di Giove, liberato dalla sua prigionia da Ercole. Se io avessi plasmata la mia storia su questo modello, non avrei fatto di piú che un tentativo di ristorazione del perduto dramma eschileo; ambizione, che, se la mia preferenza per questo modo di trattare il soggetto mi avesse spinto a sceglierlo, il ricordo dell'alta prova avrebbe sfidato il mio tentativo, sí da scoraggiarmi ben presto. Ma, in verità, io ero contrario a una catastrofe tanto debole come quella di riconciliare il Difensore coll'oppressore dell'umanità. L'interesse morale della favola, sostenuto cosí potentemente dalle sofferenze e dalla costanza di Prometeo sarebbe annullato se noi potessimo concepire lui, Prometeo, abbandonante il suo alto linguaggio e avvilentesi dinanzi al fortunato e perfido avversario. La sola creatura immaginabile somigliante in qualcosa a Prometeo,

any degree Prometheus, is Satan; and Prometheus is, in my judgement, a more poetical character than Satan, because, in addition to courage, and majesty, and firm and patient opposition to omnipotent force, he is susceptible of being described as exempt from the taints of ambition, envy, revenge, and a desire for personal aggrandisement, which, in the Hero of *Paradise Lost*, interfere with the interest. The character of Satan engenders in the mind a pernicious casuistry which leads us to weigh his faults with his wrongs, and to excuse the former because the latter exceed all measure. In the minds of those who consider that magnificent fiction with a religious feeling, it engenders something worse. But Prometheus is, as it were, the type of the highest perfection of moral and intellectual nature, impelled by the purest and the truest motives to the best and noblest ends.

This Poem was chiefly written upon the mountainous ruins of the Baths of Caracalla, among the flowery glades, and thickets of odoriferous blossoming trees, which are extended in ever winding labyrinths upon its immense platforms and dizzy arches suspended in the air. The bright blue sky of Rome, and the effect of the vigorous awakening of spring in that divinest climate, and the new life with which it drenches the spirits even to intoxication, were the inspiration of this drama.

The imagery which I have employed will be found in many instances to have been drawn from the operations of the human mind, or from those external actions by which they are expressed. This is unusual in modern poetry; although Dante and Shakespeare are full of instances of the same kind: Dante indeed more than any other poet, and with greater success. But the Greek poets, as writers to whom no resource of awakening the sympathy of their contemporaries was unknown, were in the habitual use of this power, and it is the study of their works (since a higher merit would probably be denied me) to which I am willing that my readers should impute this singularity.

One word is due in candour to the degree in which the study of contemporary writings may have tinged my composition, for such has been a topic of censure with regard to

è Satana; e Prometeo, a mio giudizio, è un carattere piú poetico che Satana, poiché, oltre al coraggio, alla maestà e alla ferma e paziente opposizione alla forza onnipotente, lo si può descrivere esente dalle macchie di ambizione, invidia, vendetta e desiderio d'un ingrandimento personale, che, nell'Eroe del Paradiso Perduto intervengono nell'interesse. Il carattere di Satana ingenera nella mente una perniciosa casuistica che ci conduce a pesare le sue colpe e i suoi mali e a scusare quelle poiché questi passano ogni misura. Nella mente di coloro che considerano quella magnifica finzione con sentimento religioso quel carattere ingenera qualcosa di peggio. Ma Prometeo è il tipo della piú alta perfezione di natura morale e intellettuale, spinto dai piú puri e piú veri motivi ai fini migliori e piú nobili.

Questo poema fu scritto principalmente sulle montagnose ruine delle Terme di Caracalla, tra le radure fiorite e i boschetti di piante sbocchianti petali odorosi, che si estendono in labirinti sinuosissimi sulle sue immense piattaforme e sugli archi vertiginosi, sospesi nell'aria. Il cielo azzurro-smagliante di Roma, l'effetto del risvegliarsi vigoroso della primavera, in quel clima divino e la nuova vita di cui essa impregna gli spiriti fino a intossicarli, furono l'ispirazione di questo dramma.

Si troverà, in molti esempi, che le immagini da me usate son state tratte da operazioni della mente umana, o da quelle esterne azioni, con cui le suddette operazioni vengono espresse. Questo è poco comune nella poesia moderna, sebbene Dante e Shakespeare siano pieni di esempi della stessa specie; Dante, in vero, piú che qualunque altro poeta e con gran successo. Ma i poeti greci, come quegli scrittori a cui nessun mezzo di risvegliare la simpatia dei contemporanei era sconosciuto, usavano abitualmente questa potenza; ed è allo studio delle loro opere (poiché un merito piú alto mi sarà probabilmente negato) ch'io desidero i miei lettori attribuiscano questa singolarità.

Debbo, poi, una parola sul grado, a cui lo studio degli scrittori contemporanei può aver tinto la mia composizione, poiché questa è stata una topica della critica riguardo a

poems far more popular, and indeed more deservedly popular, than mine. It is impossible that any one who inhabits the same age with such writers as those who stand in the foremost ranks of our own, can conscientiously assure himself that his language and tone of thought may not have been modified by the study of the productions of those extraordinary intellects. It is true, that, not the spirit of their genius, but the forms in which it has manifested itself, are due, less to the peculiarities of their own minds than to the peculiarity of the moral and intellectual condition of the minds among which they have been produced. Thus a number of writers possess the form, whilst they want the spirit of those whom, it is alleged, they imitate; because the former is the endowment of the age in which they live, and the latter must be the uncommunicated lightning of their own mind.

The peculiar style of intense and comprehensive imagery which distinguishes the modern literature of England, has not been, as a general power, the product of the imitation of any particular writer. The mass of capabilities remains at every period materially the same; the circumstances which awaken it to action perpetually change. If England were divided into forty republics, each equal in population and extent to Athens, there is no reason to suppose but that, under institutions not more perfect than those of Athens, each would produce philosophers and poets equal to those who (if we except Shakespeare) have never been surpassed. We owe the great writers of the golden age of our literature to that fervid awakening of the public mind which shook to dust the oldest and most oppressive form of the Christian Religion. We owe Milton to the progress and development of the same spirit: the sacred Milton was, let it ever be remembered, a Republican, and a bold enquirer into morals and religion. The great writers of our own age are, we have reason to suppose, the companions and forerunners of some unimagined change in our social condition or the opinions which cement it. The cloud of mind is discharging its collected lightning, and the equilibrium between institutions and opinions is now restoring, or is about to be restored.

poemi molto piú popolari, e in verità piú meritamente popolari, del mio. È impossibile che chiunque viva nella stessa epoca con tali scrittori, come quelli che tengono i primi posti nella nostra, possa, in coscienza, assicurare sè stesso che la propria lingua e il tono del proprio pensiero non sono stati modificati dallo studio delle produzioni di quegli intelletti straordinari. È cosa vera che, non lo spirito del loro genio, ma le forme in cui esso si manifesta sono dovute meno alle particolarità della loro mente che alle particolarità delle condizioni morali e intellettuali delle menti tra cui esse sono state prodotte. Cosí un gran numero di scrittori possiedono la forma, mentre mancano dello spirito di quelli che, è ben evidente, essi imitano; poiché quella è la dote dell'epoca in cui vivono, e questo dev'essere la luce incomunicata della loro mente.

Quello stile peculiare di imagini intense e comprensive, che distingue la moderna letteratura inglese, non è stato, come potenza generale, il prodotto dell'imitazione di qualche particolare scrittore. La massa delle capacità rimane, ad ogni periodo, materialmente la stessa; sono le circostanze, che la risvegliano all'azione, che cangiano sempre. Se l'Inghilterra fosse divisa in quaranta republiche, ciascuna in popolazione ed estensione uguale ad Atene, non vi sarebbe motivo di supporre che almeno, sotto istituzioni non piú perfette delle Ateniesi, ciascuna producesse filosofi e poeti uguali a quelli che (se eccettuiamo Shakespeare) non furono mai superati. Noi dobbiamo i grandi scrittori del secolo aureo della nostra letteratura a quel fervido risvegliarsi della mente publica, che scosse, a spolverarle, le piú antiche ed oppressive forme della religione cristiana. Dobbiamo Milton al progresso e sviluppo dello stesso spirito: il sacro Milton fu, non lo si dimentichi mai, un republicano e un ardito investigatore in questioni morali e religiose. I grandi scrittori di questo nostro secolo sono, abbiamo ragione di supporlo, gli acoliti e i precursori di qualche inimmaginabile mutamento della nostra condizione sociale o delle opinioni che la cementano. La nube della mente sta scaricandosi della sua elettricità ammassata e l'equilibrio tra istituzioni ed opinioni si ristabilisce ora o sta per ristabilirsi.

As to imitation; poetry is a mimetic art. It creates, but it creates by combination and representation. Poetical abstractions are beautiful and new, not because the portions of which they are composed had no previous existence in the mind of man or in nature, but because the whole produced by their combination has some intelligible and beautiful analogy with those sources of emotion and thought, and with the contemporary condition of them: one great poet is a masterpiece of nature which another not only ought to study but must study. He might as wisely and as easily determine that his mind should no longer be the mirror of all that is lovely in the visible universe, as exclude from his contemplation the beautiful which exists in the writings of a great contemporary. The pretence of doing it would be a presumption in any but the greatest; the effect, even in him, would be strained, unnatural and ineffectual. A poet, is the combined product of such internal powers as modify the nature of others; and of such external influences as excite and sustain these powers; he is not one, but both. Every man's mind is, in this respect, modified by all the objects of nature and art, by every word and every suggestion which he ever admitted to act upon his consciousness; it is the mirror upon which all forms are reflected, and in which they compose one form. Poets, not otherwise than philosophers, painters, sculptors and musicians, are, in one sense, the creators, and, in another, the creations of their age. From this subjection the loftiest do not escape. There is a similarity between Homer and Hesiod, between Æschylus and Euripides, between Virgil and Horace, between Dante and Petrarch, between Shakespeare and Fletcher, between Dryden and Pope; each has a generic resemblance under which their specific distinctions are arranged. If this similarity be the result of imitation, I am willing to confess that I have imitated.

Let this opportunity be conceded to me of acknowledging that I have, what a Scotch philosopher characteristically terms, 'a passion for reforming the world:' what passion incited him to write and publish his book, he omits to explain. For my part I had rather be damned with Plato and

In quanto all'imitazione, la poesia è un'arte mimetica. Essa crea, ma crea colla combinazione e colla rappresentazione. Le astrazioni poetiche sono belle e nuove, non perché le parti di cui sono composte non abbiano un'esistenza precedente nella mente dell'uomo o nella Natura, ma perché l'insieme prodotto dalle loro combinazioni ha una certa intelleggibile ed ammirevole analogia con quelle sorgenti di emozione e di pensiero e colle loro condizioni contemporanee. Un gran poeta è un capolavoro della Natura, che un altro non soltanto è tenuto a studiare, ma deve studiare. Egli potrebbe tanto saggiamente e facilmente deliberare che la sua mente non sia piú lo specchio di tutto ciò che è amabile nell'universo visibile, quanto escludere dalla sua contemplazione le bellezze esistenti negli scritti d'un grande contemporaneo. La pretesa di far ciò sarebbe una gran presunzione in chiunque, eccetto il piú grande; l'effetto, anche in lui, sarebbe sforzato, non naturale e non raggiungibile. Un poeta è il prodotto combinato di potenze interiori tali da modificare la natura altrui e di influenze esteriori tali da eccitare e sostenere queste potenze; egli non è una sola di queste parti, ma ambedue. La mente di ciascun uomo è, sotto questo aspetto, modificata da tutti gli oggetti della natura e dall'arte, da ogni parola e suggestione, cui l'uomo permette d'agire sulla sua coscienza; è lo specchio su cui si riflettono tutte le forme che vi compongono una forma unica. I Poeti, non altrimenti che i filosofi, i pittori, gli scultori e i musici sono, in un senso, i creatori e, nell'altro, le creazioni del loro secolo. Anche i piú alti non possono sfuggire a questa soggezione. Vi è una somiglianza tra Omero ed Esiodo, tra Eschilo ed Euripide, tra Virgilio ed Orazio, tra Dante e Petrarca, tra Shakespeare e Fletcher, tra Dryden e Pope; tutti hanno somiglianze generiche, sotto cui stanno le distinzioni specifiche. E se questa somiglianza è il risultato di un'imitazione, io confesserò d'aver imitato.

E mi sia concessa quest'opportunità di dichiarare che io ho, ciò che un filosofo Scozzese definisce caratteristicamente, *«una passione per riformare il mondo»*: quale passione, poi, lo incitasse a scrivere e publicare il suo libro, egli dimentica di spiegarlo. Da parte mia vorrei piuttosto venir

Lord Bacon, than go to Heaven with Paley and Malthus. But it is a mistake to suppose that I dedicate my poetical compositions solely to the direct enforcement of reform, or that I consider them in any degree as containing a reasoned system on the theory of human life. Didactic poetry is my abhorrence; nothing can be equally well expressed in prose that is not tedious and supererogatory in verse. My purpose has hitherto been simply to familiarize the highly refined imagination of the more select classes of poetical readers with beautiful idealisms of moral excellence; aware that until the mind can love, and admire, and trust, and hope, and endure, reasoned principles of moral conduct are seeds cast upon the highway of life which the unconscious passenger tramples into dust, although they would bear the harvest of his happiness. Should I live to accomplish what I purpose, that is, produce a systematical history of what appear to me to be the genuine elements of human society, let not the advocates of injustice and superstition flatter themselves that I should take Æschylus rather than Plato as my model.

The having spoken of myself with unaffected freedom will need little apology with the candid; and let the uncandid consider that they injure me less than their own hearts and minds by misrepresentation. Whatever talents a person may possess to amuse and instruct others, be they ever so inconsiderable, he is yet bound to exert them: if his attempt be ineffectual, let the punishment of an unaccomplished purpose have been sufficient; let none trouble themselves to heap the dust of oblivion upon his efforts; the pile they raise will betray his grave which might otherwise have been unknown.

condannato con Platone e Lord Bacon, che andare in Cielo con Paley e Malthus. Ma è un errore supporre ch'io dedichi le mie composizioni poetiche solamente alla diretta attuazione della riforma che io le consideri in certo modo come contenenti un sistema ragionato sulla teoria della vita. Aborrisco la poesia didattica; nulla può esprimersi ugualmente bene in prosa che non sia tedioso e sovrabbondante in versi. Il mio proposito sinora è stato semplicemente di familiarizzare l'imaginazione altamente raffinata delle classi piú scelte dei lettori poetici con begli idealismi di eccellenza morale, sapendo che, finché la mente può amare, ammirare, confidare, sperare e sopportare, i principi ragionati di condotta morale sono semi buttati sulla gran strada della vita che il passante inconscio calpesta nella polvere, quantunque essi potrebbero dargli la messe della felicità. S'io potrò vivere tanto da compiere ciò che mi propongo, cioè dare una storia sistematica di quelli che mi paiono gli elementi genuini della società umana, gli avvocati dell'ingiustizia e della superstizione non si lusingheranno ch'io prenda Eschilo a mio modello, piuttosto che Platone.

L'aver parlato di me stesso con inaffettata libertà richiederà una leggera apologia coi lettori di buona fede, e quelli di mala fede considerino che essi danneggiano meno me, che i loro cuori e le loro menti, coll'esposizione erronea. Qualunque capacità si possieda per divertire ed istruire gli altri, e sia pure, questa capacità insignificante, si è tenuti tuttavia a esercitarla; se la prova poi non riesce, sia sufficiente la punizione d'un proposito non compiuto e nessuno s'affanni ad ammassare la polvere dell'oblio su questi sforzi; poiché il mucchio innalzato potrà tradire la tomba che altrimenti nessuno avrebbe mai conosciuto.

DRAMATIS PERSONÆ

Prometheus
Demogorgon
Jupiter
The Earth
Ocean
Apollo
Mercury
Asia ⎫
Panthea ⎬ Oceanides
Ione ⎭
Hercules
The Phantasm of Jupiter
The Spirit of the Earth
The Spirit of the Moon
Spirits of the Hours
Spirits, Echoes, Fauns, Furies

DRAMATIS PERSONÆ

Prometeo
Demogorgone
Giove
Terra
Oceano
Apollo
Mercurio
Asia ⎫
Pantea ⎬ Oceanidi
Ione ⎭
Ercole
Fantasma di Giove
Spirito della Terra
Spirito della Luna
Spiriti delle Ore
Spiriti, Echi, Fauni, Furie

ACT I

Scene: A Ravine of Icy Rocks in the Indian Caucasus. Prometheus is discovered bound to the Precipice. Panthea and Ione are seated at his feet. Time, Night. During the Scene, Morning slowly breaks.

PROMETHEUS
Monarch of Gods and Dæmons, and all Spirits
But One, who throng those bright and rolling Worlds
Which Thou and I alone of living things
Behold with sleepless eyes! regard this Earth
5 Made multitudinous with thy slaves, whom thou
Requitest for knee-worship, prayer and praise,
And toil, and hecatombs of broken hearts,
With fear and self-contempt and barren hope;
Whilst me, who am thy foe, eyeless in hate,
10 Hast thou made reign and triumph, to thy scorn,
O'er mine own misery and thy vain revenge. –
Three thousand years of sleep-unsheltered hours,
And moments – aye divided by keen pangs
Till they seemed years, torture and solitude,
15 Scorn and despair, – these are mine empire: –
More glorious far than that which thou surveyest
From thine unenvied throne, O Mighty God!
Almighty, had I deigned to share the shame
Of thine ill tyranny, and hung not here
20 Nailed to this wall of eagle-baffling mountain,
Black, wintry, dead, unmeasured; without herb,
Insect, or beast, or shape or sound of life.
Ah me! alas, pain, pain ever, forever!

No change, no pause, no hope! – Yet I endure.
25 I ask the Earth, have not the mountains felt?
I ask yon Heaven – the all-beholding Sun,

ATTO PRIMO

Scena – Un burrone di rocce ghiacciate, nel Caucaso Indiano. Si scorge *Prometeo* avvinto al precipizio. *Pantea* e *Ione* gli siedono ai piedi. Notte. Durante la scena, rompe lentamente il mattino.

PROMETEO
Monarca degli Dei, Demoni e Spiriti – eccetto di Uno – che affollano questi mondi splendenti e roteanti intorno, da Te e Me, soli tra gli esseri vivi, contemplati con occhio insonne! Guarda questa Terra coperta di tuoi schiavi, che tu compensi dell'adorazione, delle preghiere e lodi, degl'affanni, dell'ecatombi di cuori spezzati con disprezzo di sé, timore e sterile speranza: mentre, accecato dall'odio, hai fatto con tuo scorno trionfare me, che ti son nemico, sulla mia sventura e sulla tua vana vendetta. Tre mil'anni di ore sempre insonni, d'istanti sempre divisi da spasimi acuti tanto, che paressero anni, tormenti, solitudine, disprezzo, disperazione – quest'è il mio impero – che ha gloria di gran lunga superiore a quel che tu sorvegli dal tuo trono ch'io non t'invidio affatto, o Dio potente!
Onnipotente, s'io avessi degnato di condivider l'onta della tua malvagia tirannia, non starei qui a pendere inchiodato alla muraglia d'una montagna, che sfida le aquile, nera, gelida, morta, smisurata, senza un'erba, un insetto, un animale, senza una forma né un suono di vita. Ohimè! Dolore, Dolore, per sempre! Né cangiamento o pausa, né speranza! Pure sopporto. Io chiedo alla Terra: «non hanno udito le montagne?» Al Cielo, al Sol che tutto vede: «non han visto?» Al Mare, chiedo,

Has it not seen? The Sea, in storm or calm,
Heaven's ever-changing Shadow, spread below –
Have its deaf waves not heard my agony?
30 Ah me! alas, pain, pain ever, forever!

The crawling glaciers pierce me with the spears
Of their moon-freezing crystals; the bright chains
Eat with their burning cold into my bones.
Heaven's winged hound, polluting from thy lips
35 His beak in poison not his own, tears up
My heart; and shapeless sights come wandering by,
The ghastly people of the realm of dream,
Mocking me: and the Earthquake-fiends are charged
To wrench the rivets from my quivering wounds
40 When the rocks split and close again behind:
While from their loud abysses howling throng
The genii of the storm, urging the rage
Of whirlwind, and afflict me with keen hail.
And yet to me welcome is Day and Night,
45 Whether one breaks the hoar frost of the morn,
Or starry, dim, and slow, the other climbs
The leaden-coloured East; for then they lead
Their wingless, crawling Hours, one among whom
– As some dark Priest hales the reluctant victim –
50 Shall drag thee, cruel King, to kiss the blood
From these pale feet, which then might trample thee
If they disdained not such a prostrate slave.
Disdain? Ah no! I pity thee. – What Ruin
Will hunt thee undefended through wide Heaven!
55 How will thy soul, cloven to its depth with terror,
Gape like a Hell within! I speak in grief,
Not exultation, for I hate no more,
As then, ere misery made me wise. – The Curse
Once breathed on thee I would recall. Ye Mountains,
60 Whose many-voiced Echoes, through the mist
Of cataracts, flung the thunder of that spell!
Ye icy Springs, stagnant with wrinkling frost,
Which vibrated to hear me, and then crept
Shuddering through India! Thou serenest Air,
65 Through which the Sun walks burning without beams!

ATTO PRIMO

in tempesta o tranquillo, Ombra sempre mutevole del Cielo stesa sotto,: «non han le sue onde sorde udito il grido della mia agonia?» Ohime! Dolore, dolore per sempre!

Ed i ghiacciai striscianti mi trafiggono colle lor fredde lance di cristallo, col lor gelo cocente le catene splendide rodono dentro le mie ossa; e il cane alato del Cielo, insozzando sulle tue labbra il suo rostro in veleno ch'è tutto tuo, mi lacera il cuore. Parvenze informi m'errano d'intorno, il popolo spettrale del reame dei sogni, e mi sbeffeggiano; i Demoni del Terremoto han da strappare via i chiodi, dalle mie piaghe tremanti mentre le rocce mi si spaccan dietro e si richiudono: e intanto, ululando, dai loro abissi echeggianti s'affollano della Tempesta i Geni ad incalzare i turbini rabbiosi e con tagliente grandine a affliggermi.
Eppur benvenuti mi sono giorno e notte, sia che l'uno rompa le bianche brine del mattino, o che, stellata e buia, lentamente salga l'altra pe'l cielo grigio – plumbeo: poiché essi guidano l'Ore larvate, striscianti, una tra cui – simile a un nero Sacerdote che strascica la vittima – strascicherà te, o Re crudele, a questi pallidi piedi per baciarvi il sangue, Ed io allora potrei calpestarti se non sdegnassi un tal schiavo prostrato. Sdegnassi? Ah, no! Io ti compiango. Quale catastrofe ti caccerà indifeso pe'l Cielo immenso! E come la tua anima, squarciata nel profondo dal terrore, s'aprirà simile a un inferno! So farlo con rammarico ormai, non piú con gioia poich'io non odio piú, siccome prima che la sventura mi facesse saggio. E la maledizione, un dí scagliata su te, vorrei revocarla. O Montagne che coi vostri echi sonori lanciaste attraverso la nebbia di cascate il suon di quelle mie parole! E voi, Fonti stagnanti di ghiaccio increspato, che ad udirmi vibraste e poi scorreste, tremando, in India! O Atmosfera purissima dove il Sol passa ardendo senza raggi: O Turbini veloci, che sull'ale adeguate

ACT I

> And ye swift Whirlwinds, who on poised wings
> Hung mute and moveless o'er yon hushed abyss,
> As thunder, louder than your own, made rock
> The orbed world! If then my words had power
> 70 – Though I am changed so that aught evil wish
> Is dead within, although no memory be
> Of what is hate – let them not lose it now!
> What was that curse? for ye all heard me speak.

FIRST VOICE (*from the Mountains*)

> Thrice three hundred thousand years
> 75   O'er the Earthquake's couch we stood:
> Oft, as men convulsed with fears,
> We trembled in our multitude.

SECOND VOICE (*from the Springs*)

> Thunderbolts had parched our water,
> We had been stained with bitter blood,
> 80 And had run mute 'mid shrieks of slaughter
> Through a city and a solitude!

THIRD VOICE (*from the Air*)

> I had clothed since Earth uprose,
> Its wastes in colours not their own,
> And oft had my serene repose
> 85 Been cloven by many a rending groan.

FOURTH VOICE (*from the Whirlwinds*)

> We had soared beneath these mountains
> Unresting ages; nor had thunder
> Nor yon volcano's flaming fountains
> Nor any power above or under
> 90 Ever made us mute with wonder.

FIRST VOICE

> But never bowed our snowy crest
> As at the voice of thine unrest.

SECOND VOICE

> Never such a sound before
> To the Indian waves we bore. –
> 95 A pilot asleep on the howling sea
> Leaped up from the deck in agony,
> And heard, and cried, "Ah, woe is me!"
> And died as mad as the wild waves be.

restaste muti e immobili sul vostro abisso silenzioso e intanto un tuono fragoroso piú del vostro crollava il mondo!
Se le mie parole allora avevano qualche potere, – quantunque io sia mutato, sí che tutti son morti in me i malvagi desideri, quantunque non mi resti una memoria di ciò ch'è odio – non si perdan ora!
Qual dunque fu questa maledizione? Poiché voi tutti m'udiste parlare.

PRIMA VOCE (*dalle Montagne*)
Tre volte trecentomila anni noi restammo sul letto del Terremoto: spesso, come uomini in convulsione per terrori, tremammo in tutta la nostra moltitudine.

SECONDA VOCE (*dalle Fonti*)
Dei fulmini dissecarono la nostr'acqua, noi fummo macchiate di sangue amaro e corremmo mute tra urla di strage attraverso una città e una solitudine.

TERZA VOCE (*dall'Aria*)
Dacché la Terra sorse, io vestii le solitudini di colori non suoi e spesso il mio sereno riposo fu squarciato da gemiti strazianti.

QUARTA VOCE (*dai Turbini*)
Per secoli, senza riposo noi ci eravamo levati su queste montagne; e né il tuono, né le fontane fiammeggianti di quel vulcano nè alcuna potenza superiore o inferiore, ci aveva mai ammutiti di maraviglia.

PRIMA VOCE
Ma mai le nostre vette nevose si piegarono come alla voce della tua agitazione.

SECONDA VOCE
Mai prima d'allora noi portammo un tale suono alle onde Indiane. Un pilota addormentato sul mare mugghiante scattò dal ponte in agonia, sentí e gridò «Oh, Sono perduto!» e morí pazzo come lo erano i cavalloni sfrenati.

ACT I

THIRD VOICE
>By such dread words from Earth to Heaven
>My still realm was never riven:
>When its wound was closed, there stood
>Darkness o'er the Day like blood.

FOURTH VOICE
>And we shrank back – for dreams of ruin
>To frozen caves our flight pursuing
>Made us keep silence – thus – and thus –
>Though silence is as hell to us.

THE EARTH
The tongueless Caverns of the craggy hills
Cried "Misery!" then; the hollow Heaven replied,
"Misery!" And the Ocean's purple waves,
Climbing the land, howled to the lashing winds.
And the pale nations heard it, – "Misery!"

PROMETHEUS
I hear a sound of voices – not the voice
Which I gave forth. – Mother, thy sons and thou
Scorn him, without whose all-enduring will
Beneath the fierce omnipotence of Jove
Both they and thou had vanished like thin mist
Unrolled on the morning wind! – Know ye not me,
The Titan? He who made his agony
The barrier to your else all-conquering foe?
O rock-embosomed lawns and snow-fed streams,
Now seen athwart frore vapours deep below,
Through whose o'er-shadowing woods I wandered once
With Asia, drinking life from her loved eyes;
Why scorns the spirit which informs ye, now
To commune with me? me alone, who checked,
As one who checks a fiend-drawn charioteer,
The falshood and the force of Him who reigns
Supreme, and with the groans of pining slaves
Fills your dim glens and liquid wildernesses:
Why answer ye not, still? Brethren!

THE EARTH   They dare not.

TERZA VOCE
Tali spaventevoli parole mai spaccarono dalla terra al cielo il mio regno tranquillo e quando la sua ferita fu richiusa, restò un'oscurità sul giorno, come sangue.

QUARTA VOCE
E noi fuggimmo poiché sogni di rovina, inseguendo il nostro volo fino ad antri gelati, ci fecero tacere – cosí – e cosí – quantunque il silenzio sia l'inferno per noi.

TERRA
Le mute Caverne delle colline dirupate gridarono, «Sventura!» allora; il Cielo profondo rispose, «Sventura!» e le onde porpuree dell'Oceano invadendo le spiagge, urlarono ai venti flagellanti, e le nazioni pallide l'udirono, «Sventura!»

PROMETEO
Udii un frastuono di voci: non la voce che m'uscí dalle labbra. Madre, i tuoi figli e tu disprezzate chi senza la cui volontà che resiste a tutto, sotto la feroce onnipotenza di Giove, voi sareste scomparsi come una nebbia sottile spazzata dal vento del mattino. Non conoscete me, il Titano? Colui che fece della sua agonia la barriera al vostro nemico che altrimenti avrebbe conquistato tutto? O prati racchiusi in seno a rupi, torrenti nutriti di nevi, visti ora attraverso nebbie ghiacciate, laggiú, lontano, per i cui boschi ombrosi io vagai un giorno con Asia, bevendo la vita dai suoi occhi amati; perché lo spirito che v'informa rifiuta ora di intrattenersi con me? Me solo, che come chi freni un auriga invasato dal demonio, frenai le frodi e la potenza di colui che regna supremo, e coi gemiti di schiavi doloranti riempie le vostre valli oscure e i vostri mari: perché non rispondete voi, ancora? Fratelli!

TERRA
Essi non osano.

ACT I

PROMETHEUS
    Who dares? for I would hear that curse again.
    Ha, what an awful whisper rises up!
    'Tis scarce like sound, it tingles through the frame
    As lightning tingles, hovering ere it strike. –
135 Speak, Spirit! from thine inorganic voice
    I only know that thou art moving near
    And love. How cursed I him?

THE EARTH
                     How canst thou hear
    Who knowest not the language of the dead?

PROMETHEUS
    Thou art a living spirit; speak as they.

THE EARTH
140 I dare not speak like life, lest Heaven's fell King
    Should hear, and link me to some wheel of pain
    More torturing than the one whereon I roll. –
    Subtle thou art and good, and though the Gods
    Hear not this voice – yet thou art more than God,
145 Being wise and kind: earnestly hearken now. –

PROMETHEUS
    Obscurely through my brain, like shadows dim,
    Sweep awful thoughts, rapid and thick. – I feel
    Faint, like one mingled in entwining love;
    Yet 'tis not pleasure.

THE EARTH
                No, thou canst not hear:
150 Thou art immortal, and this tongue is known
    Only to those who die...

PROMETHEUS
                   And what art thou,
    O melancholy Voice?

THE EARTH
                    I am the Earth,
    Thy mother; she within whose stony veins,
    To the last fibre of the loftiest tree
155 Whose thin leaves trembled in the frozen air,
    Joy ran, as blood within a living frame,
    When thou didst from her bosom, like a cloud
    Of glory, arise, a spirit of keen joy!
    And at thy voice her pining sons uplifted
160 Their prostrate brows from the polluting dust,
    And our almighty Tyrant with fierce dread

ATTO PRIMO 23

PROMETEO
Chi osa? Poich'io vorrei udirla di nuovo quella maledizione. Ah! Quale solenne sussurro si leva! Somiglia appena a un suono: freme attraverso il corpo, come freme la folgore librandosi prima di colpire. Parla, Spirito! Dalla tua voce immateriale io comprendo solo che mi muovi vicino e mi ami. Come lo maledii, io?

TERRA
Come puoi udire, se non conosci il linguaggio della morte?

PROMETEO
Sei uno spirito vivente: parla com'essi.

TERRA
Io non oso parlare come la vita, poiché temo che il Re feroce del Cielo oda e mi leghi a una ruota di dolore piú straziante di quella su cui mi volgo. Tu sei ingegnoso e buono e, quantunque gli Dei non odano questa voce, pure tu sei piú di un Dio, essendo saggio e gentile: ascoltami attento dunque.

PROMETEO
Oscuramente per il mio cervello, come ombre fosche, guizzano orrendi pensieri, rapidi e fitti. Io mi sento mancare come chi è confuso in amplessi d'amore; eppure non è un piacere.

TERRA
No, tu non puoi udire. Sei immortale e questo linguaggio è compreso solo da quelli che muoiono.

PROMETEO
E chi sei tu, o Voce melanconica?

TERRA
Io sono la Terra, tua madre; colei nelle cui vene di pietra, fino all'ultima fibra dell'albero piú alto, frondeggiante nell'aria gelida, fluí gioia, simile a sangue in un corpo vivente, quando tu sorgesti dal suo seno, come una nube di gloria, – uno spirito di gioia viva! E alla tua voce i suoi figli doloranti sollevarono dalla polvere immonda le loro ciglia prostrate. E il nostro Tiranno onnipotente, in preda al terrore, divenne pallido, finché

Grew pale, until his thunder chained thee here.
Then – see those million worlds which burn and roll
Around us: their inhabitants beheld
My sphered light wane in wide Heaven; the sea
Was lifted by strange tempest, and new fire
From earthquake-rifted mountains of bright snow
Shook its portentous hair beneath Heaven's frown;
Lightning and Inundation vexed the plains;
Blue thistles bloomed in cities; foodless toads
Within voluptuous chambers panting crawled;
When plague had fallen on man and beast and worm,
And Famine, and black blight on herb and tree,
And in the corn and vines and meadow grass
Teemed ineradicable poisonous weeds
Draining their growth, for my wan breast was dry
With grief; and the thin air, my breath, was stained
With the contagion of a mother's hate
Breathed on her child's destroyer – aye, I heard
Thy curse the which if thou rememberest not,
Yet my innumerable seas and streams,
Mountains and caves and winds, and yon wide Air
And the inarticulate people of the dead,
Preserve, a treasured spell. We meditate
In secret joy and hope those dreadful words,
But dare not speak them.

PROMETHEUS   Venerable mother!
All else who live and suffer take from thee
Some comfort; flowers, and fruits, and happy sounds,
And love, though fleeting; these may not be mine.
But mine own words, I pray, deny me not.

THE EARTH
They shall be told. – Ere Babylon was dust,
The Magus Zoroaster, my dead child,
Met his own image walking in the garden.
That apparition, sole of men, he saw.
For know, there are two worlds of life and death:
One that which thou beholdest, but the other
Is underneath the grave, where do inhabit
The shadows of all forms that think and live

il suo fulmine non t'ebbe incatenato qui. E guarda questi milioni di mondi che ardono roteandosi intorno: i loro abitanti allora videro la luce della mia sfera impallidire nel cielo immenso; strane tempeste gonfiarono il mare e nuove fiamme proruppero dai fianchi, spaccati dal terremoto, di montagne splendenti di neve, scotendo sotto il cielo torbido la loro chioma funesta. Folgori e Inondazioni afflissero le pianure; cardi azzurri fiorirono nelle città e rospi digiuni si strascinarono agonanti per le camere voluttuose, mentre la Peste, colla Carestia, colpiva uomini, belve e vermi; e la golpe nera erbe e alberi. Tra il grano, tra le viti e nei prati crebbero erbacce velenose inestirpabili togliendo lo sviluppo delle altre piante, poiché il mio petto smorto era inaridito dal dolore e l'aria rada, mio respiro, era insozzata dal contagio dell'odio d'una madre, alitato sull'uccisore della sua creatura.
Sí, io udii la tua maledizione, che, se tu non ricordi, i miei mari e fiumi innumerevoli, le mie montagne e caverne e i venti e l'ampia atmosfera e il popolo inarticolato della morte, conservano, ancora un tesoro incantato. Noi meditiamo, con gioia e speranza segrete, quelle spaventevoli parole, ma non osiamo pronunziarle.

PROMETEO
Venerabile Madre! Tutti gli altri che vivono e soffrono ricevono da te qualche conforto; fiori, frutti, note felici e amore, quantunque ne piangano; queste cose non possono essere mie. Ma le mie parole, ti prego, non negarmele.

TERRA
Esse verranno pronunciate. Prima che Babilonia fosse polvere, il Mago Zoroastra, mio figlio morto, incontrò la sua immagine passeggiante nel giardino. Solo tra gli uomini, egli vide questa apparizione. Poiché devi sapere che vi sono due mondi della vita e della morte: uno, quello che tu vedi; ma l'altro è al di là della tomba, dove abitano le ombre di tutte le forme che pensano e vi-

ACT I

Till death unite them, and they part no more;
Dreams and the light imaginings of men,
And all that faith creates, or love desires,
Terrible, strange, sublime and beauteous shapes.
There thou art, and dost hang, a writhing shade
'Mid whirlwind-peopled mountains; all the Gods
Are there, and all the Powers of nameless worlds,
Vast, sceptred phantoms; heroes, men, and beasts;
And Demogorgon, a tremendous Gloom;
And he, the Supreme Tyrant, on his throne
Of burning Gold. Son, one of these shall utter
The curse which all remember. Call at will
Thine own ghost, or the ghost of Jupiter,
Hades or Typhon, or what mightier Gods
From all-prolific Evil, since thy ruin
Have sprung, and trampled on my prostrate sons. –
Ask and they must reply – so the revenge
Of the Supreme may sweep through vacant shades
As rainy wind through the abandoned gate
Of a fallen palace.

PROMETHEUS Mother, let not aught
Of that which may be evil, pass again
My lips, or those of aught resembling me. –
Phantasm of Jupiter, arise, appear!

IONE My wings are folded o'er mine ears:
My wings are crossed over mine eyes:
Yet through their silver shade appears,
And through their lulling plumes arise,
A Shape, a throng of sounds:
May it be, no ill to thee
O thou of many wounds!
Near whom for our sweet sister's sake,
Ever thus we watch and wake.

PANTHEA
The sound is of whirlwind underground,
Earthquake, and fire, and mountains cloven;
The Shape is awful like the sound,
Clothed in dark purple, star-inwoven.
  A sceptre of pale gold

vono finché la morte le unisce e non si separano piú. I sogni e le fugaci immaginazioni degli uomini, tutto ciò che la fede crea e l'amore desidera, forme terribili, strane, sublimi e bellissime. Tu sei là e pendi, un'ombra che si contorce, tra montagne popolate di uragani; son là tutti gli Dei e tutte le potenze dei mondi senza nome, fantasmi immani, scettrati; eroi, uomini e belve; Demogorgone, un buio tremendo; ed egli, il Tiranno supremo, sul suo trono di oro fiammante. Figlio, uno di costoro pronuncerà la maledizione che tutti ricordano. Invoca, chi vuoi: il tuo fantasma o il fantasma di Giove, Ade o Tifone, o quali altri Dei piú potenti, sí che sorgono dal Male, fertile di tutto dacché ha causata la tua rovina e calpestati i miei figli prostrati. Domanda ed essi dovranno rispondere: cosí la vendetta del Supremo guizzerà attraverso ombre vacue come un vento piovoso per il portone abbandonato di un palazzo in rovina.

PROMETEO

Madre, nulla di ciò che può essere male passi di nuovo per le mie labbra o per quelle di qualcosa che mi somigli. Fantasma di Giove, sorgi, appari!

IONE

Le mie ali sono ripiegate sulle mie orecchie: e sono incrociate sui miei occhi, eppure attraverso la loro ombra argentea appare una Forma e attraverso le loro piume ondeggianti sorge un suono confuso. Possa non farti del male, o tu dalle molte ferite! vicino a cui, per amore della nostra dolce sorella, noi vigiliamo e vegliamo.

PANTEA

Il suono è di un turbine sotterraneo, di terremoto, di fiamme e di montagne squarciate; la forma è spaventevole come il suono, drappeggiata in una porpora scura trapunta di stelle. Sulla lenta nuvola la sua mano venata stringe uno scettro d'oro pallido per frenare ogni passo

> To stay steps proud, o'er the slow cloud
>   His veined hand doth hold.
>   Cruel he looks, but calm and strong
>   Like one who does, not suffers wrong.

PHANTASM OF JUPITER

> 240 Why have the secret powers of this strange world
>   Driven me, a frail and empty phantom, hither
>   On direst storms? What unaccustomed sounds
>   Are hovering on my lips, unlike the voice
>   With which our pallid race hold ghastly talk
> 245 In darkness? And, proud Sufferer, who art thou?

PROMETHEUS

> Tremendous Image! as thou art must be
> He whom thou shadowest forth. I am his foe,
> The Titan. Speak the words which I would hear,
> Although no thought inform thine empty voice.

THE EARTH

> 250 Listen! and though your echoes must be mute,
>   Grey mountains, and old woods, and haunted springs,
>   Prophetic caves and isle-surrounding streams,
>   Rejoice to hear what yet ye cannot speak.

PHANTASM

> A spirit seizes me, and speaks within:
> 255 It tears me as fire tears a thunder-cloud.

PANTHEA

> See how he lifts his mighty looks, the Heaven
> Darkens above.

IONE   He speaks! O shelter me!

PROMETHEUS

> I see the curse on gestures proud and cold,
> And looks of firm defiance, and calm hate,
> 260 And such despair as mocks itself with smiles,
>   Written as on a scroll... yet speak – O speak!

PHANTASM

> Fiend, I defy thee! with a calm, fixed mind,
>   All that thou canst inflict I bid thee do;
>   Foul Tyrant both of Gods and Humankind,
> 265   One only being shalt thou not subdue.
>   Rain then thy plagues upon me here,

altero. Ha uno sguardo crudele, ma calmo e forte, come chi fa, non soffre, il male.

FANTASMA DI GIOVE
Perché le potenze segrete di questo strano mondo hanno trascinato me, fantasma vuoto e fragile, fin qui, su tempeste orribili? Quali suoni insoliti mi fremono sulle labbra diversi dalla voce con cui la nostra razza pallida tiene laggiú, nell'oscurità, i suoi discorsi spettrali? E chi sei tu, altero sofferente?

PROMETEO
Parvenza orrenda! Cosí come tu sei, dev'essere colui del quale sei l'ombra. Io sono il suo nemico, il Titano. Quantunque nessun pensiero informi la tua voce, dí le parole che vorrei udire.

TERRA
Ascoltate! E, se anche i vostri echi debbono restare muti, o montagne grigie, vecchi boschi, sorgenti frequentate, caverne profetiche e correnti accerchianti isole, gioite a udire ciò che ancora non potete pronunziare!

FANTASMA
Uno spirito m'invade e parla dentro: esso mi lacera come il fuoco lacera una nube di tuono.

PANTEA
Vedi, come inalza i suoi occhi potenti! Il cielo gli s'oscura sopra!

IONE
Egli parla! Oh proteggetemi!

PROMETEO
Sui gesti freddi e alteri, e sugli sguardi di ferma sfida, di odio calmo e di tale disperazione ch'egli si deride coi sorrisi, vedo la maledizione scritta come su un rotolo di carta.

FANTASMA
«Demonio, io ti sfido! Colla mente tranquilla fissata, ti chiedo di infliggere tutto ciò che puoi; pazzo Tiranno degli Dei e dell'Umanità, un solo essere tu non sottometterai! Scaglia dunque le tue piaghe, qui, addosso a

>   Ghastly disease and frenzying fear;
>   And let alternate frost and fire
>   Eat into me, and be thine ire
> Lightning and cutting hail and legioned forms
> Of furies, driving by upon the wounding storms.
>
> Aye, do thy worst. Thou art Omnipotent.
>   O'er all things but thyself I gave thee power,
> And my own will. Be thy swift mischiefs sent
>   To blast mankind, from yon ethereal tower.
>   Let thy malignant spirit move
>   Its darkness over those I love:
>   On me and mine I imprecate
>   The utmost torture of thy hate
> And thus devote to sleepless agony
> This undeclining head while thou must reign on high.
>
> But thou who art the God and Lord – O thou
>   Who fillest with thy soul this world of woe,
> To whom all things of Earth and Heaven do bow
>   In fear and worship – all-prevailing foe!
>   I curse thee! let a sufferer's curse
>   Clasp thee, his torturer, like remorse,
>   Till thine Infinity shall be
>   A robe of envenomed agony;
> And thine Omnipotence a crown of pain,
> To cling like burning gold round thy dissolving brain.
>
> Heap on thy soul by virtue of this Curse,
>   Ill deeds, then be thou damned, beholding good,
> Both infinite as is the Universe,
>   And thou, and thy self-torturing solitude.
>   An awful Image of calm power
>   Though now thou sittest, let the hour
>   Come, when thou must appear to be
>   That which thou art internally.
> And after many a false and fruitless crime
> Scorn track thy lagging fall through boundless space
>   and time.

me, mali orrendi e terrori frenetici; mi rodano gelo e fuoco alternati e siano la tua ira folgori, grandine tagliente, e le legioni di furie accorrenti sulle tempeste che mi straziano.

Sí, fa il tuo peggio. Tu sei onnipotente. Su ogni cosa io ti diedi il potere tranne che su di tè stesso e sulla mia volontà. Vengano mandati dalla lontana torre celeste i tuoi misfatti, a colpire l'umanità. Il tuo spirito malvagio si muova nell'oscurità su quelli che io amo: su di me e sui miei io invoco le estreme torture del tuo odio; e cosí dedico questo capo indomito, a un'agonia insonne per tutto il tempo che tu devi regnare in alto.

Ma tu che sei il Dio e il Signore: oh, tu che riempi col tuo spirito questo mondo di dolore, tu, a cui tutti gli esseri della Terra e del Cielo s'inchinano intimoriti, in adorazione: nemico che trionfi su tutto! Ti maledico! La maledizione d'un sofferente s'avviticchi a te, il suo carnefice, come un rimorso; finché la tua Infinità ti diventi una veste di agonia avvelenata; e la tua Onnipotenza una corona di dolore che s'attorca come oro scottante intorno al tuo cervello in putrefazione.

Ammonticchia pure sul tuo spirito in virtú di questa maledizione, azioni cattive, tu sarai un giorno dannato contemplando le buone; infiniti ambedue come l'Universo, te e la tua solitudine, che tortura se stessa.
Quantunque tu sieda adesso, immagine solenne del potere "calm"[1] verrà l'ora, che apparirai quale sei dentro; e, dopo molti delitti fraudolenti ed inutili, il disprezzo ti seguirà nella caduta lenta attraverso lo spazio ed il tempo senza confini!»

---

[1] Tranquillo.

ACT I

PROMETHEUS
    Were these my words, O Parent?
THE EARTH   They were thine.
PROMETHEUS
        It doth repent me: words are quick and vain;
    Grief for awhile is blind, and so was mine.
305 I wish no living thing to suffer pain.
THE EARTH
        Misery, O misery to me,
        That Jove at length should vanquish thee.
        Wail, howl aloud, Land and Sea,
        The Earth's rent heart shall answer ye.
310 Howl, Spirits of the living and the dead,
    Your refuge, your defence lies fallen and vanquished.
FIRST ECHO Lies fallen and vanquished?
SECOND ECHO   Fallen and vanquished!
IONE   Fear not – 'tis but some passing spasm,
315   The Titan is unvanquished still.
            But see, where through the azure chasm
                Of yon forked and snowy hill,
            Trampling the slant winds on high
                With golden-sandalled feet, that glow
320   Under plumes of purple dye,
            Like rose-ensanguined ivory,
                A Shape comes now,
            Stretching on high from his right hand
                A serpent-cinctured wand.
PANTHEA
325 'Tis Jove's world-wandering herald, Mercury.
IONE   And who are those with hydra tresses
                And iron wings that climb the wind,
            Whom the frowning God represses,
                Like vapours streaming up behind,
330   Clanging loud, an endless crowd –
PANTHEA These are Jove's tempest-walking hounds,
            Whom he gluts with groans and blood,
            When, charioted on sulphurous cloud,
                He bursts Heaven's bounds.

ATTO PRIMO

PROMETEO
Furono queste le mie parole, Madre?
TERRA
Furono queste.
PROMETEO
Me ne pento: le parole son leggere e vane: il dolore per istante è cieco, e cosí fu il mio. Io desidero che nessun essere vivente soffra.
TERRA
Sventura, oh, sventura su di me, che Giove in fine ti vincerà! Piangete, urlate Spiagge e Mare, il cuore straziato della Terra vi risponderà! Urlate Spiriti della vita e della morte! Il vostro rifugio, la vostra difesa, giace abbattuto e vinto!
PRIMA ECO
Giace abbattuto e vinto!
SECONDA ECO
Abbattuto e vinto!
IONE
Non temete: non è che uno spasimo passeggero, il Titano è invitto ancora. Ma guardate, là, per la fessura azzurra di quella collina biforcuta e nevosa, una Forma che s'avanza calpestando in alto i venti obliqui con piedi in sandali d'oro che ardono sotto piume porpuree, come avorio insanguinato di rosa, e leva su nella destra una bacchetta cinta di serpi.
PANTEA
È Mercurio, l'araldo, errante pel mondo, di Giove.
IONE
E chi sono quelle che salgono il vento con treccie di serpenti ed ali di ferro, represse dal Dio accigliato, come vapori fumantigli dietro, urlanti forte, in una schiera senza fine?
PANTEA
Queste sono le cagne di Giove, cavalcanti le tempeste, ed egli le nutre di gemiti e di sangue, quando, portato su una nube solfurea, introna i confini del Cielo.

ACT I

IONE
    Are they now led from the thin dead
335   On new pangs to be fed?

PANTHEA
    The Titan looks as ever, firm, not proud.

FIRST FURY
Ha! I scent life!

SECOND FURY   Let me but look into his eyes!

THIRD FURY
The hope of torturing him smells like a heap
340 Of corpses, to a death-bird after battle.

FIRST FURY
Darest thou delay, O Herald? take cheer, Hounds
Of Hell – what if the Son of Maia soon
Should make us food and sport? Who can please long
The Omnipotent?

MERCURY   Back to your towers of iron
345 And gnash, beside the streams of fire, and wail
Your foodless teeth!... Geryon, arise! and Gorgon,
Chimæra, and thou Sphinx, subtlest of fiends,
Who ministered to Thebes Heaven's poisoned wine,
Unnatural love, and more unnatural hate:
350 These shall perform your task.

FIRST FURY   O mercy! mercy!
We die with our desire – drive us not back!

MERCURY
Crouch then in silence. –
    Awful Sufferer!
To thee unwilling, most unwillingly
I come, by the great Father's will driven down
355 To execute a doom of new revenge.
Alas! I pity thee, and hate myself
That I can do no more. – Aye from thy sight
Returning, for a season, Heaven seems Hell,
So thy worn form pursues me night and day,
360 Smiling reproach. Wise art thou, firm and good,
But vainly wouldst stand forth alone in strife
Against the Omnipotent, as yon clear lamps
That measure and divide the weary years

IONE
Vengon'ora dal fioco regno della morte a nutrirsi di nuovi spasimi?
PANTEA
Il Titano guarda come sempre, fermo, non altero.
PRIMA FURIA
Ah! Odoro vita!
SECONDA FURIA
Ch'io guardi soltanto nei suoi occhi!
TERZA FURIA
La speranza di torturarlo puzza come un mucchio di cadaveri al corvo, dopo una battaglia!
PRIMA FURIA
Osi forse indugiare, Araldo? Rallegratevi, Cagne dell'Inferno! Che mai se presto il Figlio di Maia ci allestirà cibo e divertimento? Chi può contentare a lungo l'Onnipotente?
MERCURIO
Indietro, alle vostre torri di ferro, e digrignate i denti digiuni, lungo i fiumi di fuoco e di gemiti! Gerione, su! Gorgona, Chimera e tu, Sfinge, furbissima tra i demoni, tu che mescesti a Tebe il vino avvelenato del Cielo, amore snaturato ed odio più snaturato ancora! Queste eseguiranno il vostro compito.
PRIMA FURIA
Oh, grazia! grazia! Noi moriamo dal desiderio: non ricacciarci indietro!
MERCURIO
Appiattatevi, allora, in silenzio. Tremendo Sofferente! Io vengo a te malvolentieri, con infinita malavoglia, spinto giù dalla volontà del gran Padre, a eseguire la sentenza di una nuova vendetta. Oh! Io ti compiango, ed io odio me stesso di non poter far di più: sempre, quando ritorno dalla tua presenza, per un secolo, il Cielo mi pare l'Inferno, tale la tua figura straziata m'insegue notte e giorno, sorridendo un rimprovero. Tu sei saggio, saldo e buono, ma invano, solo come sei, ti leveresti a combattere l'Onnipotente: come t'hanno insegnato per lungo tempo, e per lungo tempo ancora t'inse-

ACT I

From which there is no refuge, long have taught
And long must teach. Even now thy Torturer arms
With the strange might of unimagined pains
The powers who scheme slow agonies in Hell,
And my commission is, to lead them here,
Or what more subtle, foul or savage fiends
People the abyss, and leave them to their task.
Be it not so!... There is a secret known
To thee, and to none else of living things,
Which may transfer the sceptre of wide Heaven,
The fear of which perplexes the Supreme...
Clothe it in words, and bid it clasp his throne
In intercession; bend thy soul in prayer,
And like a suppliant in some gorgeous fane,
Let the will kneel within thy haughty heart;
For benefits and meek submission tame
The fiercest and the mightiest.

PROMETHEUS   Evil minds
Change good to their own nature. I gave all
He has, and in return he chains me here
Years, ages, night and day: whether the Sun
Split my parched skin, or in the moony night
The crystal-winged snow cling round my hair –
Whilst my beloved race is trampled down
By his thought-executing ministers.
Such is the tyrant's recompense: 'tis just:
He who is evil can receive no good;
And for a world bestowed, or a friend lost,
He can feel hate, fear, shame – not gratitude:
He but requites me for his own misdeed.
Kindness to such is keen reproach, which breaks
With bitter stings the light sleep of Revenge.
Submission, thou dost know, I cannot try:
For what submission but that fatal word,
The death-seal of mankind's captivity –
Like the Sicilian's hair-suspended sword,
Which trembles o'er his crown – would he accept
Or could I yield? – which yet I will not yield.

gneranno, quelle lucide costellazioni che misurano e dividono gli anni fastidiosi da cui non v'è rifugio. Anche ora il tuo Torturatore arma colla nuova forza di strazi mai sognati le potenze che macchinano lenti supplizi nell'Inferno. Mio incarico è di condur qui queste Furie o quali altri demoni piú furbi, piú sozzi, o crudeli popolanti l'abisso e di abbandonarli al loro compito. Non accada cosí! Esiste un segreto, noto a te e a nessun'altra creatura vivente, che può trasferire lo scettro del Cielo immenso: il timore di esso imbarazza il Supremo. Tu rivesti questo segreto di parole ed offrilo, abbracciato al trono, intercedendo; piega la tua anima nella preghiera e, come un supplicante in un tempio sfarzoso, la volontà s'inginocchi entro il tuo cuore altero: poiché i benefici e la sommissione docile addomesticano i piú feroci e i piú potenti.

PROMETEO
Gli spiriti malvagi mutano quelli buoni nella loro natura. Io diedi tutto ciò che egli possiede ed in cambio m'incatena qui per anni, secoli, notte e giorno: sia che il Sole screpoli la mia pelle arida, o che, al lume di luna, la neve dalle alucce di cristallo s'impigli pei miei capelli: mentre i ministri esecutori del Suo pensiero calpestano, laggiú, il mio popolo amato. Tale è la ricompensa del tiranno: ma è giusto: chi è malvagio non può ricevere del bene e per il regalo di un mondo o per la perdita d'un amico può sentire odio, timore, vergogna; non gratitudine: egli mi ricompensa solo del suo misfatto.
La bontà con costui è un fiero rimprovero, che gli rompe con punte amare il sonno leggero della vendetta.
La sommissione tu sai che non posso condiscendervi. Infatti quale sommissione accetterebbe o io potrei concedere se non quella parola fatale, l'ultimo sigillo della schiavitú umana; quella parola che balena sulla sua corona come la spada sospesa a un capello, sulla corona del Siciliano? Eppure non la concederò. Altri adulino il De-

ACT I

> Let others flatter Crime, where it sits thron'd
> In brief Omnipotence; secure are they:
> For Justice, when triumphant, will weep down
> Pity, not punishment, on her own wrongs,
> Too much avenged by those who err. I wait,
> Enduring thus, the retributive hour
> Which since we spake is even nearer now. –
> But hark, the hell-hounds clamour. Fear delay!
> Behold! Heaven lowers under thy Father's frown.

MERCURY
> O that we might be spared – I to inflict
> And thou to suffer! Once more answer me:
> Thou knowest not the period of Jove's power?

PROMETHEUS
> I know but this, that it must come.

MERCURY
>   Alas!
> Thou canst not count thy years to come of pain?

PROMETHEUS
> They last while Jove must reign: nor more nor less
> Do I desire or fear.

MERCURY
>   Yet pause, and plunge
> Into Eternity, where recorded time,
> Even all that we imagine, age on age,
> Seems but a point, and the reluctant mind
> Flags wearily in its unending flight,
> Till it sink, dizzy, blind, lost, shelterless;
> Perchance it has not numbered the slow years
> Which thou must spend in torture, unreprieved.

PROMETHEUS
> Perchance no thought can count them – yet they pass.

MERCURY
> If thou might'st dwell among the Gods the while,
> Lapped in voluptuous joy? –

PROMETHEUS
>   I would not quit
> This bleak ravine, these unrepentant pains.

MERCURY
> Alas! I wonder at, yet pity thee.

PROMETHEUS
> Pity the self-despising slaves of Heaven,

litto, dove se ne siede in trono, armato d'una breve Onnipotenza: essi sono sicuri: poiché la Giustizia, trionfando, verserà pietà non castighi, sui loro errori già troppo vendicati dalle sofferenze.
Io attendo, sopportando cosí, l'istante rimunerativo che da quando cominciammo a parlare s'è avvicinato ancora. Ma, ascolta, il clamore delle cagne d'Inferno: temi ogni indugio: guarda! il cielo s'offusca sotto il cipiglio di tuo Padre!

MERCURIO

Oh se noi venissimo risparmiati: io d'infliggere e tu di soffrire! Una volta ancora rispondimi: sai forse quanto durerà la potenza di Giove?

PROMETEO

Io so solo questo, che finirà.

MERCURIO

Oh! Tu non potrai contare i tuoi anni avvenire di sofferenza!

PROMETEO

Essi dureranno per tutto il tempo che deve regnare Giove: non desidero di meno, né temo di piú.

MERCURIO

Eppure rifletti, tuffati nell'Eternità, dove il tempo ricordato, con tutto quello che possiamo immaginare, secolo su secolo, sembra solo un punto e la mente riluttante cade stanca nel suo volo infinito finché affonda vertiginosa, cieca, perduta, senza riparo. Forse non si sono ancora contati gli anni lenti che tu devi passare in torture continue.

PROMETEO

Nessun pensiero forse li può contare: eppure essi passano.

MERCURIO

Se tu dimoresti tra gli Dei, tutto il tempo, ravvolto in gioie voluttuose?

PROMETEO

Non abbandonerei questo burrone squallido, queste sofferenze di cui non mi pento.

MERCURIO

Oh! Io ti ammiro, ma ti compiango.

PROMETEO

Compiangi gli schiavi del Cielo, che disprezzano se stes-

ACT I

⁴³⁰ Not me, within whose mind sits peace serene,
As light in the sun, throned... How vain is talk!
Call up the fiends.

IONE   O sister, look! White fire
Has cloven to the roots yon huge snow-loaded Cedar;
How fearfully God's thunder howls behind!

MERCURY
⁴³⁵ I must obey his words and thine – alas!
Most heavily remorse hangs at my heart!

PANTHEA
See where the child of Heaven, with winged feet,
Runs down the slanted sunlight of the dawn.

IONE
Dear sister, close thy plumes over thine eyes
⁴⁴⁰ Lest thou behold and die – they come – they come
Blackening the birth of day with countless wings,
And hollow underneath, like death.

FIRST FURY   Prometheus!

SECOND FURY
Immortal Titan!

THIRD FURY   Champion of Heaven's slaves!

PROMETHEUS
He whom some dreadful voice invokes is here.
⁴⁴⁵ Prometheus, the chained Titan. – Horrible forms,
What and who are ye? Never yet there came
Phantasms so foul through monster-teeming Hell
From the all-miscreative brain of Jove;
Whilst I behold such execrable shapes,
⁴⁵⁰ Methinks I grow like what I contemplate,
And laugh and stare in loathsome sympathy.

FIRST FURY
We are the ministers of pain and fear
And disappointment, and mistrust, and hate,
And clinging crime; and as lean dogs pursue
⁴⁵⁵ Through wood and lake some struck and sobbing
                fawn,
We track all things that weep, and bleed, and live,
When the great King betrays them to our will.

si, non me, entro la cui mente siede in trono una pace serena, come la luce nel sole: ma quant'è inutile discorrere! Chiama, su, i demoni.

IONE

Sorella, guarda! Una fiamma bianca ha spaccato alle radici quel cedro smisurato, carico di neve! Come muggisce terribilmente dietro il tuono del Dio!

MERCURIO

Io debbo ubbidire alle sue parole e alle tue: ahimè! Un rimorso gravissimo mi pesa sul cuore!

PANTEA

Guarda dove il figlio del Cielo, rompe, coi piedi alati, i raggi obliqui dell'aurora.

IONE

Sorella mia, stringi le piume sui tuoi occhi, perché tu non veda e muoia. Esse vengono, vengono, oscurando il sorgere del giorno con ali innumerevoli, e son vuote sotto, come la morte!

PRIMA FURIA

Prometeo!

SECONDA FURIA

Titano immortale!

TERZA FURIA

Campione degli schiavi del Cielo!

PROMETEO

Colui, che una voce spaventevole invoca, è qui: Prometeo, il Titano incatenato. Forme orribili, che cosa e chi siete voi? Finora, attraverso l'Inferno, fecondo di mostri, non spuntarono mai dal cervello di Giove creatore di ogni male, Fantasmi tanto immondi. Mentre guardo questi esseri esacrabili, mi sembra di divenir simile a ciò che vedo, e sogghigno, fissando, in una simpatia nauseante.

PRIMA FURIA

Noi siamo le ministre del dolore e della paura, della delusione, della diffidenza, dell'odio e del delitto tenace. Come cani dimagriti inseguono per boschi e laghi un capriolo ferito e gemente, noi quando il gran Re li cede alla nostra brama inseguiamo tutti gli esseri che piangono, sanguinano e vivono.

ACT I

PROMETHEUS

O many fearful natures in one name!
I know ye, and these lakes and echoes know
The darkness and the clangour of your wings.
But why more hideous than your loathed selves
Gather ye up in legions from the deep?

SECOND FURY

We knew not that – Sisters, rejoice, rejoice!

PROMETHEUS

Can aught exult in its deformity?

SECOND FURY

The beauty of delight makes lovers glad,
Gazing on one another – so are we.
As from the rose which the pale priestess kneels
To gather for her festal crown of flowers
The aerial crimson falls, flushing her cheek –
So from our victim's destined agony
The shade which is our form invests us round,
Else are we shapeless as our Mother Night.

PROMETHEUS

I laugh your power and his who sent you here
To lowest scorn. – Pour forth the cup of pain.

FIRST FURY

Thou thinkest we will rend thee bone from bone?
And nerve from nerve, working like fire within?

PROMETHEUS

Pain is my element as hate is thine;
Ye rend me now: I care not.

SECOND FURY   Dost imagine
We will but laugh into thy lidless eyes?

PROMETHEUS

I weigh not what ye do, but what ye suffer,
Being evil. Cruel was the Power which called
You, or aught else so wretched, into light.

THIRD FURY

Thou think'st we will live through thee, one by one,
Like animal life; and though we can obscure not
The soul which burns within, that we will dwell
Beside it, like a vain loud multitude

PROMETEO
O molte nature spaventose sotto un solo nome, io vi conosco; e questi laghi ed echi conoscono l'oscurità e il fragore delle vostre ali. Ma perché ora vi raccogliete in legioni dall'abisso, piú orribili del vostro solito già odioso?
SECONDA FURIA
Non lo sapevamo. Sorelle, gioite, gioite!
PROMETEO
Può darsi che una cosa esulti nella sua deformità?
SECONDA FURIA
La bellezza della gioia contenta gli amanti, guardandosi l'un l'altro: cosí siamo noi. Come dalla rosa, che la sacerdotessa pallida s'inginocchia a raccogliere per la sua corona festiva di fiori, svanisce l'incarnato tenero, avvivando la sua guancia: l'ombra, ch'è il nostro corpo, ci riveste informandosi dall'agonia predestinata della nostra vittima. Altrimenti noi siamo informi come la Notte, nostra madre.
PROMETEO
Io rido del vostro potere e di colui che vi manda qui, a suo peggior scorno. Via! Mescete il calice del dolore.
PRIMA FURIA
Pensi tu che noi ti sbraneremo osso ad osso, e nervo a nervo, rodendoti dentro come fuoco?
PROMETEO
Il dolore è il mio elemento come l'odio è il tuo; sbranatemi ora: non me curo.
SECONDA FURIA
T'immagini che noi vorremo solo ridere nei tuoi occhi senza palpebre?
PROMETEO
Non m'importa di ciò che fate, ma di ciò che soffrite, malvage come siete. È crudele la potenza che ha chiamato alla luce voi o qualunque altra cosa tanto miserabile.
TERZA FURIA
Pensi tu, che noi vivremo attraverso il tuo corpo, ad una ad una, come di vita animale e che, quantunque non possiamo offuscare lo spirito che ti arde dentro, noi gli staremo accanto, come una vana moltitudine rumoreggiante

ACT I

    Vexing the self-content of wisest men –
    That we will be dread thought beneath thy brain,
    And foul desire round thine astonished heart,
490 And blood within thy labyrinthine veins
    Crawling like agony.
PROMETHEUS   Why, ye are thus now;
    Yet am I king over myself, and rule
    The torturing and conflicting throngs within,
    As Jove rules you when Hell grows mutinous.
CHORUS OF FURIES
495 From the ends of the Earth, from the ends of the
                        Earth,
    Where the night has its grave and the morning its
                        birth,
          Come, come, come!
    O ye who shake hills with the scream of your mirth,
    When cities sink howling in ruin, and ye
500 Who with wingless footsteps trample the Sea,
    And close upon Shipwreck and Famine's track
    Sit chattering with joy on the foodless wreck;
          Come, come, come!
        Leave the bed, low, cold and red,
505   Strewed beneath a nation dead;
        Leave the hatred – as in ashes
           Fire is left for future burning, –
        It will burst in bloodier flashes
           When ye stir it, soon returning;
510   Leave the self-contempt implanted
        In young spirits sense-enchanted,
          Misery's yet unkindled fuel;
        Leave Hell's secrets half-unchanted
          To the maniac dreamer: cruel
515   More than ye can be with hate,
          Is he with fear.
          Come, come, come!
    We are steaming up from Hell's wide gate
    And we burthen the blasts of the atmosphere,
520 But vainly we toil till ye come here.

che toglie il contento di sé agli uomini piú saggi: pensi che noi saremo pensieri orrendi sotto il tuo cervello e desideri immondi intorno al tuo cuore stupito e sangue strisciante come agonia entro il labirinto delle tue vene?

PROMETEO
Ma, voi siete cosí adesso; io so ancora comandare su me stesso, e regolare, come Giove vi regola quando s'ammutina l'Inferno, le moltitudini che mi tormentano dentro e contrastano tra loro.

CORO DI FURIE
Accorrete, accorrete, accorrete, dai confini della terra, dove la notte ha la sua tomba e il mattino il suo sorgere! O voi che scuotete le colline colle vostre strida allegre, quando le città rovinano con fragore; e voi, che a passi, senz'ali, camminate sul mare; seguite da vicino la traccia del naufragio e della carestia e vi posate schiamazzando di gioia sul naufrago affamato; accorrete, accorrete, accorrete!
Lasciate il giaciglio abbietto, freddo e rosso, steso sotto una nazione morta; lasciate l'odio come nelle ceneri si lascia il fuoco che avvamperà poi: esso scoppierà in bandiere piú sanguigne quando voi, tornando ben presto, l'attizzerete; lasciate il disprezzo di sé infuso negli spiriti dei giovani, dominati dal senso, prede future della miseria; lasciate i segreti dell'Inferno semi-velati al sognatore maniaco; egli è reso piú crudele dalla paura, che voi dall'odio.
Accorrete, accorrete, accorrete!
Noi vaporiamo su dalla porta dell'Inferno spalancata e carichiamo le raffiche dell'atmosfera, ma è inutile che ci affanniamo, se voi non siete qui.

ACT I

IONE
　　Sister, I hear the thunder of new wings.
PANTHEA
　　These solid mountains quiver with the sound
　　Even as the tremulous air: their shadows make
　　The space within my plumes more black than night.
FIRST FURY
525　　　Your call was as a winged car
　　　　Driven on whirlwinds fast and far;
　　　　It rapt us from red gulphs of war –
SECOND FURY
　　　　From wide cities, famine-wasted –
THIRD FURY
　　　　Groans half heard, and blood untasted –
FOURTH FURY
530　　　Kingly conclaves, stern and cold,
　　　　Where blood with gold is bought and sold –
FIFTH FURY
　　　　From the furnace, white and hot,
　　　　In which –
A FURY　　　　　　Speak not – whisper not!
　　　　I know all that ye would tell,
535　　　But to speak might break the spell
　　　　Which must bend the Invincible,
　　　　　　The stern of thought;
　　　　He yet defies the deepest power of Hell.
A FURY
　　Tear the veil!
ANOTHER FURY　　It is torn!
CHORUS　　　　　　　The pale stars of the morn
540 Shine on a misery dire to be borne.
　　Dost thou faint, mighty Titan? We laugh thee to
　　　　　　　　　　　　　　　　scorn.
　　Dost thou boast the clear knowledge thou waken'dst
　　　　　　　　　　　　　　　for man?
　　Then was kindled within him a thirst which outran
　　Those perishing waters; a thirst of fierce fever,
545 Hope, love, doubt, desire – which consume him
　　　　　　　　　　　　　　　forever.

IONE
Sorella, odo il rombo di nuove ali.
PANTEA
Queste solide montagne vacillano al fragore, come l'aria tremula: le loro ombre fan piú nero della notte lo spazio sotto le mie piume.
PRIMA FURIA
Il vostro richiamo fu come un carro alato, condotto lontano da turbini veloci: ci strappò dai vortici rossi d'una battaglia.
SECONDA FURIA
Da vaste città, devastate dalla fame;
TERZA FURIA
da gemiti appena sensibili, da sangue intatto;
QUARTA FURIA
da adunanze, torve e fredde, di re, dove coll'oro si compra e vende sangue;
QUINTA FURIA
dalla fornace, bianca e calda, nella quale –
UNA FURIA
Non parlate, non mormorate: so tutto ciò che direste, ma il parlare romperebbe l'incantesimo, che deve piegare l'Invincibile, egli sfida ancora le potenze piú profonde dell'Inferno.
UNA FURIA
Squarciate il velo!
UN'ALTRA FURIA
È squarciato.
CORO
Le pallide stelle del mattino brillano su una tortura terribile a sopportarsi. Titano possente, svieni? A tuo scorno ridiamo di te. Non vanti, ora, la libera conoscenza che risvegliasti nell'uomo? Allora gli si accese dentro una sete, insaziabile da quest'acque mortali; la sete d'una febbre feroce, speranza amore dubbio desiderio, una sete che lo consuma per sempre.

ACT I

> One came forth, of gentle worth,
> Smiling on the sanguine earth;
> His words outlived him, like swift poison
>   Withering up truth, peace, and pity.
> Look! where round the wide horizon
>   Many a million-peopled city
> Vomits smoke in the bright air.
> Hark that outcry of despair!
> 'Tis his mild and gentle ghost
>   Wailing for the faith he kindled.
> Look again, the flames almost
>   To a glow-worm's lamp have dwindled:
> The survivors round the embers
>   Gather in dread.
>   Joy, joy, joy!
> Past ages crowd on thee, but each one remembers,
> And the future is dark, and the present is spread
> Like a pillow of thorns for thy slumberless head.

SEMICHORUS I

> Drops of bloody agony flow
> From his white and quivering brow.
> Grant a little respite now –
> See! a disenchanted nation
> Springs like day from desolation;
> To truth its state, is dedicate,
> And Freedom leads it forth, her mate;
> A legioned band of linked brothers
> Whom Love calls children –

SEMICHORUS II   'Tis another's –
> See how kindred murder kin!
> 'Tis the vintage-time for Death and Sin:
> Blood, like new wine, bubbles within
>   Till Despair smothers
> The struggling World, which slaves and tyrants win.

All the Furies vanish, except one.

IONE
Hark, sister! what a low yet dreadful groan

Sorse un uomo dal pensiero mansueto sorridendo alla terra insanguinata; le sue parole gli sopravvissero, facendo come un rapido veleno avvizzire a poco a poco verità, pace e pietà. Guarda! dove intorno, per il largo orizzonte, molte città, popolate a milioni, vomitano fumo nel cielo nitido. Ascolta quel grido di disperazione! È il suo fantasma buono e mansueto che si lamenta della fede suscitata: Guarda di nuovo, le fiamme son languite fin quasi al lume d'una lucciola: i superstiti si stringono atterriti intorno alle ceneri.
Gioia, gioia, gioia!
Le età passate ti si affollano intorno, ma ciascuna coi suoi ricordi, il futuro è buio e il presente è steso sotto il tuo capo insonne come un guanciale di spine.

PRIMO SEMICORO

Gocce d'un'agonia sanguinosa scorrono dalla sua fronte bianca e tremante. Concedetegli un po' di riposo: guarda, una nazione sfatata balza, come il giorno, dalla desolazione; il suo stato è dedicato al Vero, la Libertà, sua compagna, la guida; la guida una schiera sterminata di fratelli stretti insieme, che l'Amore chiama fanciulli.

SECONDO SEMICORO

È diverso: guarda come il congiunto uccide il congiunto: è la stagione della vendemmia per la Morte e per il Peccato: il sangue, bulica nelle vene, come vino nuovo: finché la Disperazione soffoca il mondo che si dibatte; sopraffatto dagli schiavi e dai tiranni.

[Tutte le Furie dileguono meno una]

IONE

Ascolta, sorella! che gemito fievole, ma terribile, non

ACT I

Quite unsuppressed is tearing up the heart
580 Of the good Titan, as storms tear the deep,
And beasts hear the sea moan in inland caves.
Darest thou observe how the fiends torture him?

PANTHEA
Alas, I looked forth twice, but will no more.

IONE
What didst thou see?

PANTHEA   A woeful sight – a youth
585 With patient looks nailed to a crucifix.

IONE
What next?

PANTHEA   The Heaven around, the Earth below
Was peopled with thick shapes of human death,
All horrible, and wrought by human hands,
And some appeared the work of human hearts,
590 For men were slowly killed by frowns and smiles:
And other sights too foul to speak and live
Were wandering by. Let us not tempt worse fear
By looking forth – those groans are grief enough.

FURY
Behold, an emblem – those who do endure
595 Deep wrongs for man, and scorn, and chains, but heap
Thousand-fold torment on themselves and him.

PROMETHEUS
Remit the anguish of that lighted stare –
Close those wan lips – let that thorn-wounded brow
Stream not with blood – it mingles with thy tears!
600 Fix, fix those tortured orbs in peace and death,
So thy sick throes shake not that crucifix,
So those pale fingers play not with thy gore. –
O horrible! Thy name I will not speak,
It hath become a curse. I see, I see
605 The wise, the mild, the lofty and the just,
Whom thy slaves hate for being like to thee,
Some hunted by foul lies from their heart's home,
An early-chosen, late-lamented home,
As hooded ounces cling to the driven hind,
610 Some linked to corpses in unwholesome cells:
Some – hear I not the multitude laugh loud? –

del tutto represso, lacera il cuore del buon Titano, come le tempeste squarciano gli abissi e le belve, dalle caverne dell'interno, sentono muggire il mare. Osi guardare come i demoni lo torturino?

PANTEA

Oh! Guardai due volte, ma non lo farò piú.

IONE

Che vedesti?

PANTEA

Un orrendo spettacolo: un giovane, dagli occhi pazienti, inchiodato a una croce.

IONE

E poi?

PANTEA

Il cielo intorno e la terra sotto, erano pieni di fitte forme di morte, tutti cadaveri orribili, e fatti per mano d'uomini; alcuni parevano opera di cuori umani, poiché venivano lentamente uccisi con cipigli e sorrisi. Intorno erravano altre figure, troppo sozze per parlarne senza morire. Ma non eccitiamoci una paura peggiore guardando: quei gemiti son già strazianti abbastanza.

FURIA

Guarda un emblema: quelli che sopportano per gli uomini tante ingiurie, scherni, e catene accumulano soltanto mille volte il tormento su di sé e sugli altri.

PROMETEO

Calma l'angoscia di quello sguardo acceso; serra quelle labbra smorte; la tua fronte straziata dalle spine non goccioli di sangue; esso si mischia colle tue lacrime! Chiudi, chiudi in pace e in morte quegli occhi torturati, sí che i sussulti penosi della tua agonia non scuotano piú la croce, e quelle dita pallide non tentino piú i grumi delle tue ferite. O, orrribile! Io non dirò il tuo nome: esso è divenuto una maledizione. E vedo, vedo, i saggi i miti i nobili e i giusti, che i tuoi schiavi odiano perché son simili a te, scacciati, alcuni, con vili bugie dalla casa del loro cuore, una casa presto scelta e tardi compianta; come le lonze incappucciate azzannano la cerva scovata incatenati, altri, a cadaveri in prigioni insalubri: altri in-

ACT I

    Impaled in lingering fire: and mighty realms
    Float by my feet like sea-uprooted isles,
    Whose sons are kneaded down in common blood
615 By the red light of their own burning homes.
FURY
    Blood thou canst see, and fire; and canst hear groans;
    Worse things, unheard, unseen, remain behind.
PROMETHEUS
    Worse?
FURY   In each human heart terror survives
    The ravin it has gorged: the loftiest fear
620 All that they would disdain to think were true:
    Hypocrisy and custom make their minds
    The fanes of many a worship, now outworn.
    They dare not devise good for man's estate,
    And yet they know not that they do not dare.
625 The good want power, but to weep barren tears.
    The powerful goodness want: worse need for them.
    The wise want love, and those who love want wisdom;
    And all best things are thus confused to ill.
    Many are strong and rich, – and would be just, –
630 But live among their suffering fellow men
    As if none felt: they know not what they do.
PROMETHEUS
    Thy words are like a cloud of winged snakes,
    And yet, I pity those they torture not.
FURY
    Thou pitiest them? I speak no more!

Vanishes.

PROMETHEUS   Ah woe!
635 Ah woe! Alas! pain, pain ever, forever!
    I close my tearless eyes, but see more clear
    Thy works within my woe-illumed mind,
    Thou subtle Tyrant!... Peace is in the grave –
    The grave hides all things beautiful and good –
640 I am a God and cannot find it there,
    Nor would I seek it: for, though dread revenge,

fine – e non odo sghignazzare la folla? – impalati su fuochi lenti. E grandi reami mi fluttuano ai piedi, come isole sradicate dal mare: i loro figli sono impastati nel sangue comune dalla luce rossa delle proprie case ardenti.

FURIA

Tu puoi vedere sangue e fiamme; puoi udire gemiti; ma rimangono cose peggiori mai udite e mai viste.

PROMETEO

Peggiori?

FURIA

In ciascun cuore umano il Terrore sopravvive alla preda che ha inghiottito: i migliori temono tutto ciò che sdegnerebbero di creder vero: ipocrisia ed abitudine fanno delle loro menti i tempi di molti culti, ora superati. Essi non osano lasciare eredità di bene per la fortuna dell'uomo e non san neppure di non osarlo. Ai buoni manca ogni potere se non piangere sterili lacrime. Ai potenti manca la bontà: peggior bisogno per essi. Ai saggi manca l'amore ed a quelli che amano manca la saggezza e tutte le cose migliori sono cosí confuse a un cattivo fine. Molti sono ricchi e potenti e sarebbero giusti, ma vivono tra i loro compagni sofferenti come non accorgendosene: non sanno ciò che si facciano.

PROMETEO

Le tue parole sono come una nuvola di serpenti alati; eppure io compiango quelli che essi non torturano.

FURIA

Tu li compiangi? Non parlo oltre!

[Dilegua].

PROMETEO

Oh tormento, oh tormento! Ohime! dolore, dolore sempre, per sempre! Io chiudo gli occhi asciutti, ma nella mente illuminata dalla sofferenza vedo piú chiaro le tue azioni, o furbo tiranno! La pace è nella tomba. La tomba nasconde tutte le cose belle e buone: io sono un Dio e non posso trovarla là, e nemmeno ve la cercherei: poi-

ACT I

    This is defeat, fierce King, not victory.
    The sights with which thou torturest gird my soul
    With new endurance, till the hour arrives
645 When they shall be no types of things which are.
PANTHEA
    Alas! what sawest thou more?
PROMETHEUS   There are two woes:
    To speak, and to behold; thou spare me one.
    Names are there, Nature's sacred watchwords – they
    Were borne aloft in bright emblazonry.
650 The nations thronged around, and cried aloud
    As with one voice, "Truth, liberty and love!"
    Suddenly fierce confusion fell from Heaven
    Among them – there was strife, deceit and fear;
    Tyrants rushed in, and did divide the spoil.
655 This was the shadow of the truth I saw.
THE EARTH
    I felt thy torture, Son, with such mixed joy
    As pain and Virtue give. – To cheer thy state
    I bid ascend those subtle and fair spirits,
    Whose homes are the dim caves of human thought,
660 And who inhabit, as birds wing the wind,
    Its world-surrounding ether; they behold
    Beyond that twilight realm, as in a glass,
    The future – may they speak comfort to thee!
PANTHEA
    Look, Sister, where a troop of spirits gather
665 Like flocks of clouds in spring's delightful weather,
    Thronging in the blue air!
IONE   And see! more come,
    Like fountain-vapours when the winds are dumb,
    That climb up the ravine in scattered lines.
    And hark! is it the music of the pines?
670 Is it the lake? is it the waterfall?
PANTHEA
    'Tis something sadder, sweeter far than all.
CHORUS OF SPIRITS
        From unremembered ages we
        Gentle guides and guardians be

ché quantunque vendetta spaventevole questa è una sconfitta, o Re feroce, non una vittoria!
Le visioni con cui mi torturi fasciano la mia anima di nuova pazienza finché giungerà l'ora ch'esse non saran piú tipi di cose reali.

PANTEA
Ohimè! Che vedesti ancora?

PROMETEO
Vi sono due tormenti vedere e raccontare; risparmiamene uno. Esistono nomi, parole d'ordine sacre della Natura, essi vennero levati in alto, su un'orifiamma splendida; le nazioni accalcandosi intorno urlavano a una sola voce: Verità, libertà, e amore! D'improvviso una gran confusione cadde tra di esse dal cielo: vi fu discordia, inganno e paura: accorsero tiranni che divisero il bottino. Questa fu l'ombra della realtà, ch'io vidi.

TERRA
Io sentii la tua tortura, o figlio, con quella gioia mista che danno il dolore e la virtú. Per addolcire il tuo stato, comandai di salire fin qua a quegli spiriti belli e intelligenti che abitano le caverne oscure del pensiero umano e, come gli uccelli aleggiano nell'aria, vivono nel suo etere che sovrasta i mondi. Essi scorgono oltre questo regno crepuscolare, il futuro, come in uno specchio: possano confortarti le loro parole!

PANTEA
Guarda, sorella, dove, affollandosi nell'aria azzurra, si raduna una schiera di spiriti, come nuvole fioccose nel cielo delizioso di primavera!

IONE
E guarda, ne vengono ancora che salgono il burrone: in file sparse, simili a vapori di fontana quando i venti cadono. Ascolta! È forse la musica dei pini? È il lago? è la cascata?

PANTEA
È qualcosa molto piú triste, e molto piú dolce di tutto.

CORO DI SPIRITI
Da età dimenticate noi siamo le guide e i custodi cortesi

ACT I

          Of Heaven-oppressed mortality –
675   And we breathe, and sicken not,
          The atmosphere of human thought:
          Be it dim, and dank, and grey
          Like a storm-extinguished day,
          Travelled o'er by dying gleams;
680   Be it bright as all between
          Cloudless skies and windless streams,
             Silent, liquid and serene –
          As the birds within the wind,
            As the fish within the wave,
685   As the thoughts of man's own mind
            Float through all above the grave,
          We make there, our liquid lair,
          Voyaging cloudlike and unpent
          Through the boundless element –
690   Thence we bear the prophecy
          Which begins and ends in thee!

IONE
  More yet come, one by one: the air around them
  Looks radiant as the air around a star.

FIRST SPIRIT
          On a battle-trumpet's blast
695   I fled hither, fast, fast, fast,
          Mid the darkness upward cast –
          From the dust of creeds outworn,
          From the tyrant's banner torn,
          Gathering round me, onward borne,
700   There was mingled many a cry –
          Freedom! Hope! Death! Victory!
          Till they faded through the sky;
          And one sound, above, around,
          One sound beneath, around, above,
705   Was moving; 'twas the soul of love;
          'Twas the hope, the prophecy,
          Which begins and ends in thee.

SECOND SPIRIT
          A rainbow's arch stood on the sea,
          Which rocked beneath, immovably;

dell'umanità oppressa dal cielo; e respiriamo senza corromperla, l'atmosfera del pensiero umano: sia essa fosca, umida, grigia, come un giorno spento da una tempesta e attraversato dai raggi morenti; o lucida, come tutto intorno, il cielo terso e le correnti calme, silenziosa, dolce, serena. E come gli uccelli nel vento, come il pesce nell'onda, come i pensieri della mente stessa dell'uomo fluttuano attraverso tutto sopra la tomba; noi facciamo qui la nostra dimora aerea, viaggiando libere, come nubi, per l'elemento sconfinato: Di là ti portiamo la profezia che comincia e finisce in te!

IONE

Ne vengono di piú ancora, uno ad uno: l'aria intorno ad essi appare radiosa come intorno a una stella.

PRIMO SPIRITO

Io corsi qui, veloce, veloce, veloce, sullo squillo d'una tromba da battaglia in mezzo all'oscurità stesa in alto. Raccogliendosi dalla polvere di credenze superate, dalla bandiera lacera del tiranno, s'intrecciavano, intorno a me trascinato innanzi, molte grida: Libertà! Speranza! Morte! Vittoria!; finché queste affievolirono per il cielo e un suono unico si mosse sopra, e intorno, un suono unico sotto intorno in alto: era lo spirito d'amore; era la speranza, la profezia, che comincia e finisce in te.

SECONDO SPIRITO

Un arcobaleno stava immobile sul mare, tutto agitato

ACT I

710 And the triumphant storm did flee,
Like a conqueror swift and proud
Between, with many a captive cloud
A shapeless, dark and rapid crowd,
Each by lightning riven in half. –
715 I heard the thunder hoarsely laugh. –
Mighty fleets were strewn like chaff
And spread beneath, a hell of death
O'er the white waters, I alit
On a great ship lightning-split
720 And speeded hither on the sigh
Of one who gave an enemy
His plank – then plunged aside to die.

THIRD SPIRIT

I sate beside a sage's bed
And the lamp was burning red
725 Near the book where he had fed,
When a Dream with plumes of flame,
To his pillow hovering came,
And I knew it was the same
Which had kindled long ago
730 Pity, eloquence and woe;
And the world awhile below
Wore the shade, its lustre made.
It has borne me here as fleet
As Desire's lightning feet:
735 I must ride it back ere morrow,
Or the sage will wake in sorrow.

FOURTH SPIRIT

On a Poet's lips I slept
Dreaming like a love-adept
In the sound his breathing kept;
740 Nor seeks nor finds he mortal blisses,
But feeds on the aerial kisses
Of shapes that haunt thought's wildernesses.
He will watch from dawn to gloom
The lake-reflected sun illume
745 The yellow bees in the ivy-bloom,
Nor heed nor see, what things they be;
But from these create he can

sotto; e in mezzo la tempesta trionfale fuggiva, come un conquistatore, veloce e altera, con molte nubi prigioniere. Ciascuna era squarciata nel mezzo dalla folgore e parevano una folla scura informe e impetuosa: io udivo il tuono muggire rauco: flotte potenti venivano disperse come pagliuzze e disseminate sotto un cielo infernale sulle acque bianche. Io scesi su una gran nave spaccata dal fulmine e m'affrettai qui sul respiro di un uomo che cedè la sua tavola a un nemico, e si tuffò accanto a morire.

TERZO SPIRITO
Io sedevo accanto al letto d'un saggio e la lampada ardeva rossa vicino al libro, dov'egli s'era nutrito, quando un Sogno dalle piume di fiamma, venne aleggiando al suo guanciale ed io conobbi che era lo stesso che molto tempo prima aveva ispirato pietà, eloquenza e dolore e il mondo sotto intanto ne lacerava l'ombra, fatta suo decoro. Esso mi ha portato qui, veloce come i piedi fulminei del Desiderio: ed io, prima del mattino debbo cavalcarlo di ritorno, altrimenti il saggio si sveglierà afflitto.

QUARTO SPIRITO
Io dormii sulle labbra d'un poeta sognando come un devoto d'amore, nel suono prodotto dal suo respiro. Egli non cerca o trova felicità mortali, ma si nutre dei baci aerei di forme che frequentano le solitudini del pensiero. Egli osserverà dall'alba al buio il sole, riflesso dal lago, illuminare le api gialle sui fiori d'edera: non pensa o vede ciò che siano, ma da tali cose può creare immagine

Forms more real than living man,
Nurslings of immortality! –
750 One of these awakened me
And I sped to succour thee.

IONE
Behold'st thou not two shapes from the East and West
Come, as two doves to one beloved nest,
Twin nurslings of the all-sustaining air,
755 On swift still wings glide down the atmosphere?
And hark! their sweet, sad voices! 'tis despair
Mingled with love, and then dissolved in sound. –

PANTHEA
Canst thou speak, sister? all my words are drowned.

IONE
Their beauty gives me voice. See how they float
760 On their sustaining wings of skiey grain,
Orange and azure, deepening into gold:
Their soft smiles light the air like a star's fire.

CHORUS OF SPIRITS
Hast thou beheld the form of Love?

FIFTH SPIRIT
                                    As over wide dominions
I sped, like some swift cloud that wings the wide
                                    air's wildernesses,
765 That planet-crested Shape swept by on
                                    lightning-braided pinions,
Scattering the liquid joy of life from his ambrosial
                                    tresses:
His footsteps paved the world with light – but as I
                                    past 'twas fading
And hollow Ruin yawned behind. Great Sages
                                    bound in madness,
And headless patriots, and pale youths who perished,
                                    unupbraiding,
770   Gleamed in the Night. I wandered o'er – till thou, O
                                    King of sadness,
Turned by thy smile the worst I saw to recollected
                                    gladness.

SIXTH SPIRIT
Ah, sister! Desolation is a delicate thing:

piú reale d'un individuo vivente, creature predilette dell'immortalità!
Una di queste mi risvegliò ed io m'affrettai a soccorrerti.

IONE
Non vedi venire da oriente e occidente due forme, come due colombi a un solo nido amato; creature gemelle dell'aria che tutto sostiene: su ali immobili scivolare veloci giú per l'atmosfera? E ascolta le loro voci tristi, dolcissime! È disperazione mescolata a amore e poi dissolta nel suono.

PANTEA
Puoi parlare, sorella? Le mie parole son tutte soffocate.

IONE
La loro bellezza mi dà voce. Guarda com'essi fluttuano sulle ali celesti che li sostengono! Arancio e azzurro incupitisi in dorato: i loro sorrisi teneri illuminano l'aria come il fuoco d'una stella.

CORO DI SPIRITI
Hai contemplata la forma dell'Amore?

QUINTO SPIRITO
Mentre m'affrettavo su immensi domini, simile a una nube leggera che attraversi le ampie distese del cielo, quella forma, con una stella in fronte, mi volò accanto su ali intrecciate di folgori, spargendo la gioia armoniosa della vita dalle sue treccie ambrosie. I suoi passi stampavano il mondo di luce che s'oscurava al mio passaggio, e dietro mi vaneggiavano vuote Rovine: nella notte ch'io scorrevo, risplendevano grandi saggi impazziti, patrioti decapitati e giovani pallidi che morivano senza un lamento; finché tu, o Re della tristezza, trasformasti col tuo sorriso le cose peggiori ch'io vidi in un ricordo di gioia.

SESTO SPIRITO
Ah, sorella! La desolazione è una cosa delicata: Non

ACT I

It walks not on the Earth, it floats not on the air,
But treads with lulling footstep, and fans with silent wing
775 The tender hopes which in their hearts the best and gentlest bear,
Who, soothed to false repose by the fanning plumes above
And the music-stirring motion of its soft and busy feet,
Dream visions of aerial joy, and call the monster, Love,
And wake, and find the shadow Pain, as he whom now we greet.

CHORUS
780 Though Ruin now Love's shadow be,
Following him, destroyingly,
On Death's white and winged steed,
Which the fleetest cannot flee –
Trampling down both flower and weed,
785 Man and beast and foul and fair,
Like a tempest through the air;
Thou shalt quell this Horseman grim,
Woundless though in heart or limb. –

PROMETHEUS
Spirits! how know ye this shall be?

CHORUS
790 In the atmosphere we breathe –
As buds grow red when snow-storms flee,
From spring gathering up beneath,
Whose mild winds shake, the elder brake,
And the wandering herdsmen know
795 That the white-thorn soon will blow –
Wisdom, Justice, Love and Peace,
When they struggle to increase,
Are to us as soft winds be
To shepherd-boys – the prophecy
800 Which begins and ends in thee.

IONE
Where are the Spirits fled?

PANTHEA
                            Only a sense
Remains of them, like the Omnipotence

cammina sulla terra e non fluttua nell'aria ma calpesta con passi mortali e ventila con ali silenziose le tenere speranze che i migliori e i piú gentili portan nel cuore. Essi lusingati a un falso riposo dalle piume che ventagliano sul loro capo e dal movimento dei piedi morbidi e affaticati, che rende un'armonia, sognano visioni di gioia eterea e chiamano Amore quel mostro. Risvegliandosi poi trovano che l'ombra è Dolore, come colui che salutiamo ora.

CORO

Quantunque la Rovina sia, ora, l'ombra dell'Amore, e, distruggendo, lo segua come una tempesta per l'aria sul cavallo bianco e alato della morte che i piú veloci non possono sfuggire, calpestando insieme il fiore e la malerba, l'uomo e la belva, l'immondo e il buono; tu ucciderai questo cavaliere feroce, anche se ha il cuore e le membra intatte.

PROMETEO

Spiriti! Come sapete che accadrà questo?

CORO

Noi respiriamo nell'atmosfera: come i germogli s'arrossano quando le tormente di neve fuggono, per l'arrivo della primavera dai venti tiepidi agitano i boschetti di sambuco e i pastori erranti sanno che presto sboccierà il biancospino: la Saggezza, la Giustizia, l'Amore e la Pace, quando si sforzano di crescere, sono per noi come venti soavi ai pastorelli, la profezia che comincia e finisce in te.

IONE

Perché son fuggiti gli Spiriti?

PANTEA

Rimane solo un senso di essi, simile all'onnipotenza del-

ACT I

  Of music when the inspired voice and lute
  Languish, ere yet the responses are mute,
805 Which through the deep and labyrinthine soul,
  Like echoes through long caverns, wind and roll.
PROMETHEUS
  How fair these air-born shapes! and yet I feel
  Most vain all hope but love, and thou art far,
  Asia! who, when my being overflowed,
810 Wert like a golden chalice to bright wine
  Which else had sunk into the thirsty dust.
  All things are still – alas! how heavily
  This quiet morning weighs upon my heart;
  Though I should dream, I could even sleep with grief
815 If slumber were denied not... I would fain
  Be what it is my destiny to be,
  The saviour and the strength of suffering man,
  Or sink into the original gulph of things...
  There is no agony and no solace left;
820 Earth can console, Heaven can torment no more.
PANTHEA
  Hast thou forgotten one who watches thee
  The cold dark night, and never sleeps but when
  The shadow of thy spirit falls on her?
PROMETHEUS
  I said all hope was vain but love – thou lovest...
PANTHEA
825 Deeply in truth – but the Eastern star looks white,
  And Asia waits in that far Indian vale,
  The scene of her sad exile – rugged once
  And desolate and frozen like this ravine,
  But now invested with fair flowers and herbs
830 And haunted by sweet airs and sounds, which flow
  Among the woods and waters, from the ether
  Of her transforming presence – which would fade
  If it were mingled not with thine. – Farewell!

END OF THE FIRST ACT

la musica, quando la voce ispirata e il liuto languono prima che tacciano le vibrazioni, diffondentisi e ravvolgentisi per i meandri profondi dell'anima, come echi per lunghe caverne.

PROMETEO
Come eran belle queste forme nate dall'aria! Io sento ancora che veramente è vana ogni speranza, tranne l'amore; e tu, Asia, sei lontana! tu, che, quando il mio essere traboccava, eri come un calice d'oro a un vino scintillante, che altrimenti si sarebbe perduto nella polvere arida. Tutto è quieto: oh, come mi pesa sul cuore questa mattinata tranquilla! Anche se dovessi sognare, dormirei ugualmente dal dolore, se il sonno non mi fosse negato. Vorrei essere volentieri ciò che è mio destino, il salvatore e il difensore dell'uomo sofferente, o sprofondarmi nell'abisso primitivo delle cose dove non c'è né agonia né sollievo: la Terra può consolare e il Cielo tormentare, nulla di piú.

PANTEA
Hai forse dimenticato chi veglia su di te la fredda notte oscura e non dorme se non quando l'ombra del tuo spirito cade su di lei?

PROMETEO
Io dissi che ogni speranza era vana tranne l'amore: tu ami.

PANTEA
Molto in verità; ma la stella dell'oriente impallidisce ed Asia attende in quella lontana valletta dell'India, teatro del suo triste esilio; aspra un tempo squallida e gelata, come questo burrone; ora, invece, per la potenza dell'etere della sua presenza trasformata che svanirebbe se non fosse mescolato al tuo, tapezzata di bei fiori e d'erba scorsa da venti e da suoni soavi, che spirano tra i boschi e le acque. Addio!

ACT II

SCENE I

Morning. A lovely Vale in the Indian Caucasus. Asia alone.

ASIA
    From all the blasts of Heaven thou hast descended –
    Yes, like a spirit, like a thought which makes
    Unwonted tears throng to the horny eyes,
    And beatings haunt the desolated heart,
5 Which should have learnt repose, – thou hast descended
    Cradled in tempests; thou dost wake, O Spring!
    O child of many winds! As suddenly
    Thou comest as the memory of a dream
    Which now is sad because it hath been sweet;
10 Like genius, or like joy which riseth up
    As from the earth, clothing with golden clouds
    The desart of our life...
    This is the season, this the day, the hour;
    At sunrise thou shouldst come, sweet sister mine,
15 Too long desired, too long delaying, come!
    How like death-worms the wingless moments crawl!
    The point of one white star is quivering still
    Deep in the orange light of widening morn
    Beyond the purple mountains; through a chasm
20 Of wind-divided mist the darker lake
    Reflects it – now it wanes – it gleams again
    As the waves fade, and as the burning threads
    Of woven cloud unravel in pale air...
    'Tis lost! and through yon peaks of cloudlike snow
25 The roseate sunlight quivers – hear I not
    The Æolian music of her sea-green plumes
    Winnowing the crimson dawn?

ATTO SECONDO

SCENA I

Mattino. Valletta graziosa nel Caucaso Indiano. Asia sola.

ASIA

Tu sei discesa da tutte le raffiche del cielo – sí: come uno spirito, come un pensiero, che riempie di lacrime insolite sugli occhi opachi e agita con battiti il cuore desolato, che avrebbe imparato riposo: tu sei discesa, cullata dalle tempeste; tu ti risvegli, O Primavera! O Figlia di molti venti! Tu giungi cosí improvvisa come la memoria d'un sogno, che è triste ora, perché fu dolce; simile a un genio, simile a una gioia che sorga come dalla terra, a rivestire di nubi dorate il deserto della nostra vita...
Questa è la stagione, questo è il giorno, l'ora; verrai al levar del sole, mia dolce sorella, per troppo desiderata e troppo in ritardo, verrai! Come strisciano lenti simili a vermi della morte, gli istanti senz'ali!
Il raggio d'una stella bianca tremola ancora, tuffato nella luce arancia del mattino sorgente, di là dalle montagne imporporate; per un'apertura della nebbia diradata dal vento vien riflesso dal lago, piú scuro: vanisce ora: torna a scintillare, mentre le onde s'offuscano e i fili ardenti di nubi intrecciate si sciolgono nell'aria pallida: È scomparso! e attraverso le vette lontane, coperte di nevi, simili a nubi, trema la luce rosea del sole: non odo forse la melodia Eolica delle sue piume verdemare, ventilanti l'aurora cremisi?

ACT II

Panthea enters.

                                    I feel, I see
Those eyes which burn through smiles that fade in tears,
Like stars half quenched in mists of silver dew.
30 Beloved and most beautiful, who wearest
The shadow of that soul by which I live,
How late thou art! the sphered sun had climbed
The sea, my heart was sick with hope, before
The printless air felt thy belated plumes.

PANTHEA
35 Pardon, great Sister! but my wings were faint
With the delight of a remembered dream,
As are the noontide plumes of summer winds
Satiate with sweet flowers. I was wont to sleep
Peacefully, and awake refreshed and calm
40 Before the sacred Titan's fall, and thy
Unhappy love, had made through use and pity,
Both love and woe familiar to my heart
As they had grown to thine... erewhile I slept
Under the glaucous caverns of old Ocean,
45 Within dim bowers of green and purple moss;
Our young Ione's soft and milky arms
Locked then as now behind my dark moist hair,
While my shut eyes and cheek were pressed within
The folded depth of her life-breathing bosom...
50 But not as now, since I am made the wind
Which fails beneath the music that I bear
Of thy most wordless converse; since dissolved
Into the sense with which love talks, my rest
Was troubled and yet sweet – my waking hours
55 Too full of care and pain.
ASIA   Lift up thine eyes
And let me read thy dream. –
PANTHEA   As I have said,
With our sea-sister at his feet I slept.
The mountain mists, condensing at our voice
Under the moon, had spread their snowy flakes,

ATTO SECONDO

[Pantea entrando].

Io sento, vedo quegli occhi che attraverso sorrisi languenti in lagrime, ardono come stelle semivelate dalle nebbie di una rugiada argentea. Diletta e bellissima, che porti l'ombra di quello spirito per cui io vivo, quanto sei lenta! La sfera del sole è salita sul mare; il mio cuore s'è ammalato di speranza, prima che l'aria, senza tracce, sentisse le tue ali che sono in ritardo.

PANTEA
Perdonami grande Sorella! Ma le mie ali erano fiacche dal ricordo delizioso d'un sogno, come le penne dei venti estivi, al meriggio, sazie dei fiori soavi. Prima che la caduta del Titano sacro e il tuo amore infelice, avessero con l'abitudine e la pietà, resi famigliari al mio cuore, come aumentati nel tuo, l'amore e il dolore io usavo dormire tranquillamente e risvegliarmi rifatta e calma. Prima, io dormivo sotto le caverne glauche del vecchio Oceano, sotto in pergole fosche di muschi verdi e porpurei; e allora le braccia morbide e candide della nostra giovane Ione, mi stringevano, come ora, i capelli neri, umidi, mentre gli occhi chiusi e le guancie m'erano compressi entro le profonde pieghe del suo seno, respirante vita. Ma non dormivo come ora, da quando son fatta il vento che viene meno sotto la musica da me portata delle tue piú mute conversazioni, da quando il mio riposo, dissolto, nel senso con cui parla amore, venne guastato, restando però sempre dolce; e pena delle mie ore di veglia per la troppa preoccupazione.

ASIA
Leva gli occhi, che vi legga il sogno.

PANTEA
Come dissi, io dormivo colla nostra sorella marina, ai suoi piedi. Le nebbie montane, condensandosi alla nostra voce sotto la luna, avevano sparsi i loro fiocchi ne-

ACT II

60 From the keen ice shielding our linked sleep...
Then two dreams came. One I remember not.
But in the other, his pale, wound-worn limbs
Fell from Prometheus, and the azure night
Grew radiant with the glory of that form
65 Which lives unchanged within, and his voice fell
Like music which makes giddy the dim brain
Faint with intoxication of keen joy:
"Sister of her whose footsteps pave the world
With loveliness – more fair than aught but her
70 Whose shadow thou art – lift thine eyes on me!"
I lifted them – the overpowering light
Of that immortal shape was shadowed o'er
By love; which, from his soft and flowing limbs,
And passion-parted lips, and keen, faint eyes
75 Steam'd forth like vaporous fire; an atmosphere
Which wrapt me in its all-dissolving power,
As the warm ether of the morning sun
Wraps ere it drinks some cloud of wandering dew.
I saw not – heard not – moved not – only felt
80 His presence flow and mingle through my blood
Till it became his life, and his grew mine,
And I was thus absorbed – until it past,
And like the vapours when the sun sinks down,
Gathering again in drops upon the pines,
85 And tremulous as they, in the deep night
My being was condensed, and as the rays
Of thought were slowly gathered, I could hear
His voice, whose accents lingered ere they died
Like footsteps of far melody. Thy name,
90 Among the many sounds alone I heard
Of what might be articulate; though still
I listened through the night when sound was none.
Ione wakened then, and said to me:
"Canst thou divine what troubles me tonight?
95 I always knew what I desired before,
Nor ever found delight to wish in vain.
But now I cannot tell thee what I seek;
I know not – something sweet since it is sweet

vosi, dal ghiaccio sottile che difendeva il nostro sonno intrecciato. Feci allora due sogni. Uno, non lo ricordo. Ma nell'altro, quelle membra pallide, lacerate dalle ferite, caddero da Prometeo e la notte azzurra divenne radiosa per la gloria di quella forma, che gli vive dentro immutata. La sua voce cadeva, come musica che dà le vertigini alla mente confusa, mancante per l'ebbrezza della gioia acuta: «Sorella di colei i cui passi stampano il mondo di grazia – tu che sei piú bella d'ogni cosa salvo che di lei, di cui sei l'ombra – leva i tuoi occhi su di me.»
Io li levai: la luce soverchiante di quella forma immortale era *shadowed over*[2] dall'amore; che, dalle sue membra morbide e ondeggianti, dalle sue labbra schiuse di passione, dagli occhi vividi, mancanti, esalava come un fuoco vaporoso; un'atmosfera, che mi avvolse in tutto il suo potere dissolvente, come l'etere caldo del mattino ravvolge, prima di assorbirla, una nube di rugiada vagante. Io non vidi, non udii, non mi mossi, sentii solo la sua presenza fluire e mischiarsi al mio sangue, finché esso divenne la sua vita ed il suo la mia. Io restai cosí rapita, finch'egli passò. Il mio essere, come i vapori che al tramonto raccolgono di nuovo in gocce sui pini, e tremulo com'essi, si condensò nella notte fonda; e mentre i raggi del pensiero si riunivano lentamente, potei riudire la voce di Prometeo, dagli accenti esitanti prima di disperdersi, come le note d'una melodia tenue. E tra i molti suoni udii solo il tuo nome, di ciò che si può pronunziare; quantunque ascoltassi ancora nella notte, quando tutto taceva. Ione allora si risvegliò e mi disse: «Sai indovinare ciò che mi disturba stanotte? Io seppi sempre prima ciò che desideravo, non mi compiacqui mai nel desiderare in vano. Ma ora non saprei dirti ciò che cerco; non lo so; qualcosa di dolce, poiché ne è dolce

---

[2] Tutta ombrata.

ACT II

    Even to desire – it is thy sport, false sister!
100 Thou hast discovered some inchantment old,
    Whose spells have stolen my spirit as I slept
    And mingled it with thine; – for when just now
    We kissed, I felt within thy parted lips
    The sweet air that sustained me; and the warmth
105 Of the life-blood, for loss of which I faint,
    Quivered between our intertwining arms."
    I answered not, for the Eastern star grew pale,
    But fled to thee.

ASIA   Thou speakest, but thy words
    Are as the air. I feel them not... oh, lift
110 Thine eyes that I may read his written soul!

PANTHEA
    I lift them, though they droop beneath the load
    Of that they would express – what canst thou see
    But thine own fairest shadow imaged there?

ASIA
    Thine eyes are like the deep, blue, boundless Heaven
115 Contracted to two circles underneath
    Their long, fine lashes – dark, far, measureless, –
    Orb within orb, and line through line inwoven. –

PANTHEA
    Why lookest thou as if a spirit past?

ASIA
    There is a change: beyond their inmost depth
120 I see a shade – a shape – 'tis He, arrayed
    In the soft light of his own smiles which spread
    Like radiance from the cloud-surrounded moon.
    Prometheus, it is thou – depart not yet!
    Say not those smiles that we shall meet again
125 Within that bright pavilion which their beams
    Shall build o'er the waste world? The dream is told.
    What shape is that between us? Its rude hair
    Roughens the wind that lifts it; its regard
    Is wild and quick, yet 'tis a thing of air
130 For through its grey robe gleams the golden dew
    Whose stars the noon has quench'd not.

DREAM   Follow, follow!

ATTO SECONDO

anche il desiderio. Sarà un tuo scherzo, cattivella, tu hai scoperto qualche antico incanto i cui scongiuri mi hanno involato lo spirito mentre dormivo, confondendolo al tuo. Poiché ora appunto, baciandoci, sentii nelle tue labbra socchiuse l'aria soave che mi sosteneva ed il calore del sangue vitale, che avendone perso mi sento mancare, palpitava tra le nostre braccia allacciate.» Io non le risposi poiché la stella d'oriente impallidiva: volai a te.

ASIA
Tu parli ma le tue parole sono come l'aria: non le sento: Oh, leva gli occhi, che possa leggervi scritta la sua anima!

PANTEA
Io li sollevo quantunque languiscano sotto il peso di ciò che vorrebbero esprimere: che vedi tu, se non la tua bellissima immagine ivi riflessa?

ASIA
I tuoi occhi sono come il cielo profondo, azzurro, sconfinato, contratti in due circoli sotto le loro ciglia lunghe e finissime, cupi, lontani, smisurati, intrecciati orbita in orbita e raggio con raggio.

PANTEA
Perché li guardi, come se vi passasse uno spirito?

ASIA
Vi è un cambiamento: al di là della loro profondità piú intima, io vedo un'ombra, una forma: è Lui, ravvolto nella luce soffice dei suoi sorrisi, che si spargono come fulgore dalla luna circondata di nubi. Prometeo, è la tua forma! Non sparire ancora! Non dicono forse quei sorrisi che noi c'incontreremo un'altra volta in quel padiglione lucente che i loro raggi costruiranno sul mondo desolato? Il sogno è told[3]. Che forma è quell'altra tra noi? suoi capelli incolti fan tempestoso il vento che li agita, il suo sguardo è vivo e selvaggio; eppure è una creatura d'aria, poiché attraverso le sue vesti grigie splende la rugiada dorata di quelle stelle che il mezzodí non ha spento.

SOGNO
Segui! Segui!

[3] Detto.

ACT II

PANTHEA
It is mine other dream. –
ASIA   It disappears.
PANTHEA
It passes now into my mind. Methought
As we sate here the flower-infolding buds
135 Burst on yon lightning-blasted almond tree,
When swift from the white Scythian wilderness
A wind swept forth wrinkling the Earth with frost...
I looked, and all the blossoms were blown down;
But on each leaf was stamped – as the blue bells
140 Of Hyacinth tell Apollo's written grief –
O follow, follow!
ASIA   As you speak, your words
Fill, pause by pause my own forgotten sleep
With shapes. Methought among these lawns together
We wandered, underneath the young grey dawn,
145 And multitudes of dense white fleecy clouds
Were wandering in thick flocks along the mountains
Shepherded by the slow, unwilling wind;
And the white dew on the new-bladed grass,
Just piercing the dark earth, hung silently –
150 And there was more which I remember not;
But, on the shadows of the morning clouds
Athwart the purple mountain slope was written
Follow, O follow! as they vanished by,
And on each herb from, which Heaven's dew had fallen,
155 The like was stamped as with a withering fire;
A wind arose among the pines – it shook
The clinging music from their boughs, and then
Low, sweet, faint sounds, like the farewell of ghosts,
Were heard – *O follow, follow, follow me!*
160 And then I said: "Panthea, look on me."
But in the depth of those beloved eyes
Still I saw, *follow, follow!*
ECHO   Follow, follow!
PANTHEA
The crags, this clear spring morning, mock our voices,
As they were spirit-tongued.

PANTEA
 È l'altro mio sogno.
ASIA
 Scompare.
PANTEA
 Passa ora nella mia mente. Mi pareva che, mentre noi sedevamo qui, i germogli rinserranti i fiori sbocciassero là, su quel mandorlo schiantato dalla folgore, quando dai bianchi deserti della Scizia scosse sulla Terra un vento veloce, aggrinzandola di gelo. Io guardai e il soffio staccava tutti i fiori; ma su ogni foglia, come le campanule azzurre di Giacinto recano inciso il dolore d'Apollo, era scritto «Segui, segui!»
ASIA
 Mentre parli, le tue parole riempiono, a tratti a tratti, di forme il sogno che avevo dimenticato. Mi pareva di errare con te per queste radure, sotto l'alba grigia, nascente, e moltitudini di nuvole dense, bianche e fioccose parate dal vento pigro, svogliato erravano in spesse greggi lungo i monti. La rugiada bianca pendeva silenziosa dall'erba, che allora allora aveva forata la terra oscura; e c'era altro ancora che io non ricordo. Ma sulle ombre delle nubi mattutine, lungo il pendio delle montagne porpuree stava scritto «Segui, oh segui!» Mentre le nuvole svanivano mentre su ogni erba da cui era caduta la rugiada del Cielo, venivano, come a lento fuoco, incise le stesse parole, tra i pini si levò un vento, che scosse la musica dei loro rami.
 Allora s'udirono suoni profondi, dolci, vanenti, come l'addio di spiriti: «Oh, seguimi, seguimi, seguimi!» e io dissi «Pantea guardami» ma nel profondo di quegli occhi amati, lessi ancora «Segui, segui!»
ECO
 Segui, segui!
PANTEA
 Le rupi, questo puro mattino di primavera, beffano le nostre voci, come se fosse in esse la lingua d'uno spirito.

ASIA   It is some being
165 Around the crags, – What fine clear sounds! O list!
ECHOES (*unseen*)   Echoes we – listen!
                  We cannot stay:
              As dew-stars glisten
                Then fade away –
170   Child of Ocean!

ASIA
   Hark! Spirits speak! The liquid responses
   Of their aerial tongues yet sound.

PANTHEA   I hear.

ECHOES   O follow, follow,
              As our voice recedeth
175   Through the caverns hollow
              Where the forest spreadeth;

(*More distant*).
          O follow, follow,
          Through the caverns hollow,
          As the song floats, thou pursue,
180   Where the wild bee never flew,
          Through the noontide darkness deep,
          By the odour breathing sleep
          Of faint night flowers, and the waves
          At the fountain-lighted caves,
185   While our music, wild and sweet,
          Mocks thy gently-falling feet,
              Child of Ocean!

ASIA
   Shall we pursue the sound? – It grows more faint
   And distant.

PANTHEA   List! the strain floats nearer now.
ECHOES   In the world unknown
            Sleeps a voice unspoken;
            By thy step alone
              Can its rest be broken,
              Child of Ocean!

ASIA
195 How the notes sink upon the ebbing wind!

ATTO SECONDO

ASIA
Vi è qualche creatura per le rupi. Che bei suoni limpidi! Ascolta!
ECHI (*invisibili*)
Siamo gli echi: ascolta! Non possiamo fermarci: come le stelluccie di rugiada rifulgono, poi dileguano via – Figlia dell'Oceano!
ASIA
Attenta! Gli spiriti parlano. Gli echi armoniosi delle loro lingue aeree risuonano ancora.
PANTEA
Odo.
ECHI
O segui, segui, mentre la nostra voce si ritrae, per le averne vuote dove si stende la foresta; (*Piú lontano*) Oh segui, segui! Per le caverne vuote, mentre ondeggia la canzone che vi guida, dove l'ape selvaggia non volò mai, per la profonda oscurità del meriggio, presso i suoni profumati di fiori notturni in abbandono, presso le onde di caverne illuminate dalle fontane, mentre la nostra musica dolce e selvaggia beffa il tuo passo, Figlia dell'Oceano!
ASIA
Inseguiremo il suono? Affievolisce e s'allontana.
PANTEA
Ascolta! il canto ondeggia piú vicino ora.
ECHI
Nel mondo sconosciuto dorme una voce che ha mai parlato, soltanto dal tuo passo, può venir rotta la sua inerzia; Figlia dell'Oceano!
ASIA
Come si smorzano le note, sul vento declinante!

ACT II

ECHOES   O follow, follow!
    Through the caverns hollow,
As the song floats thou pursue,
By the woodland noontide dew,
By the forests, lakes and fountains,
Through the many-folded mountains,
To the rents, and gulphs, and chasms,
Where the Earth reposed from spasms,
On the day when He and thou
Parted – to commingle now,
    Child of Ocean!

ASIA
Come, sweet Panthea, link thy hand in mine,
And follow, ere the voices fade away.

SCENE II

A Forest, intermingled with Rocks and Caverns. Asia and Panthea pass into it. Two young Fauns are sitting on a Rock, listening.

SEMICHORUS I OF SPIRITS
The path through which that lovely twain
    Have past, by cedar, pine, and yew,
    And each dark tree that ever grew,
    Is curtained out from Heaven's wide blue;
Nor sun nor moon nor wind nor rain,
    Can pierce its interwoven bowers;
    Nor aught save when some cloud of dew,
Drifted along the earth-creeping breeze,
Between the trunks of the hoar trees,
    Hangs each a pearl in the pale flowers
    Of the green laurel, blown anew;
And bends and then fades silently,
One frail and fair anemone;

ECHI
Oh segui, segui! Per le caverne vuote, mentre ondeggia la canzone che vi guida, per la rugiada meridiana dei boschi, per le foreste, i laghi, le sorgenti; per le montagne sinuose; per i precipizi, le voragini, gli abissi, dove la Terra riposò dagli spasimi, il giorno che Egli e tu vi lasciaste, per unirvi ora; Figlia dell'Oceano!

ASIA
Vieni, dolce Pantea, stringi colla tua la mia mano, e seguimi prima che le voci si dileguino.

SCENA II

Foresta, con frammischiate Rupi e Caverne. Vi passano Asia e Pantea. Due giovani Fauni siedono su una rupe, ascoltando.

PRIMO SEMICORO (DI SPIRITI)
Il sentiero dove passò quella graziosa coppia è incortinato, nascosto all'azzurro vasto del Cielo, da cedri, pini, tassi: tutti i foschi alberi sempreverdi. Il sole, la luna, il vento, la pioggia, o altro consimile, non possono penetrare per le sue pergole intrecciate. Solo, talvolta, una nube di rugiada, ammassata dove passa la brezza radendo la terra, tra i tronchi degli alberi bianchi, appende le sue perle ai petali scoloriti del lauro verde in fiore, e piega un bell'anemone fragile, evaporando poi silenzio-

ACT II

  Or when some star of many a one
15 That climbs and wanders through steep night,
  Has found the cleft through which alone
  Beams fall from high those depths upon,
   Ere it is borne away, away,
  By the swift Heavens that cannot stay –
20 It scatters drops of golden light,
  Like lines of rain that ne'er unite;
  And the gloom divine is all around,
  And underneath is the mossy ground.

SEMICHORUS II
  There the voluptuous nightingales
25   Are awake through all the broad noonday.
  When one with bliss or sadness fails –
    And through the windless ivy-boughs,
   Sick with sweet love, droops dying away
  On its mate's music-panting bosom –
30 Another from the swinging blossom,
    Watching to catch the languid close
   Of the last strain, then lifts on high
   The wings of the weak melody,
  Till some new strain of feeling bear
35   The song, and all the woods are mute;
  When there is heard through the dim air
  The rush of wings, and rising there
   Like many a lake-surrounded flute,
  Sounds overflow the listener's brain
40 So sweet that joy is almost pain.

SEMICHORUS I
  There those inchanted eddies play
   Of echoes, music-tongued, which draw,
   By Demogorgon's mighty law,
   With melting rapture or sweet awe,
45   All spirits on that secret way,
   As inland boats are driven to Ocean
  Down streams made strong with mountain-thaw;
    And first there comes a gentle sound
   To those in talk or slumber bound,
50   And wakes the destined – soft emotion

sa. O, anche, qualche stella delle molte che salgono e vanno per la notte, trova, prima di venire trasportata lontano lontano dal cielo rapido che non può fermarsi, lo spiraglio donde piovono su queste profondità raggi solitari dall'alto. Essa sparge gocce di luce dorata come stille di pioggia che mai si congiungono e tutt'intorno sta il buio divino e sotto, il suolo muschioso.

SECONDO SEMICORO
Là, durante tutto il largo meriggio stan svegli gli usignoli voluttuosi. Quando uno di essi vien meno di felicità o di tristezza e, malato d'amore, tra i rami immobili dell'edera languisce moribondo sul petto, palpitante musica, del compagno; ecco, un altro, su un fiore ondulante, attendendo a raccogliere la chiusa languida dell'ultima canzone, innalza ancora le ali della melodia fievole, finché un nuovo impeto di sentimento anima il canto e tutti i boschi ammutiscono. E là, improvvisamente s'ode per l'aria un frullo d'ali e sorgendo di là, le note, come di flauti intorno a un lago, soverchiano il cervello di chi ascolta, ma cosí dolcemente che la gioia è quasi un dolore.

PRIMO SEMICORO
Laggiú scherzano quei vortici incantati degli echi dalla voce armoniosa, che, per la potente legge di Demogorgone, costringono, con un rapimento di tenerezza o con una dolce paura, tutti gli spiriti su quella via segreta; appunto come battelli di fiume son trascinati all'Oceano giú per correnti, impetuose dal disgelo montano. Dapprima a quelli che sono trattenuti nel discorso o nel sonno giunge un suono gentile, che risveglia i predestinati

Attracts, impels them: those who saw
> Say from the breathing Earth behind
> > There steams a plume-uplifting wind
> Which drives them on their path, while they
55 Believe their own swift wings and feet
The sweet desires within obey:
And so they float upon their way,
Until, still, sweet but loud and strong,
The storm of sound is driven along,
60 Sucked up and hurrying – as they fleet
Behind its gathering billows meet
And to the fatal mountain bear
Like clouds amid the yielding air.

FIRST FAUN
Canst thou imagine where those spirits live
65 Which make such delicate music in the woods?
We haunt within the least frequented caves
And closest coverts, and we know these wilds,
Yet never meet them, though we hear them oft:
Where may they hide themselves?

SECOND FAUN   'Tis hard to tell –
70 I have heard those more skilled in spirits say,
The bubbles, which the enchantment of the sun
Sucks from the pale faint water-flowers that pave
The oozy bottom of clear lakes and pools,
Are the pavilions where such dwell and float
75 Under the green and golden atmosphere
Which noontide kindles through the woven leaves,
And when these burst, and the thin fiery air,
The which they breathed within those lucent domes,
Ascends to flow like meteors through the night,
80 They ride on them, and rein their headlong speed,
And bow their burning crests, and glide in fire
Under the waters of the Earth again.

FIRST FAUN
If such live thus, have others other lives
Under pink blossoms or within the bells
85 Of meadow flowers, or folded violets deep,

– un'emozione dolce li attrae e li spinge: e i veggenti dicono che dalla terra anelante dietro spira un vento debole che li guida sul loro sentiero, mentre essi credono di obbedire colle ali veloci o coi piedi ai dolci desideri interni: Fluttuano cosí sulla loro via, finché la tempesta dei suoni, ancor dolce, ma fragorosa e gagliarda è trascinata, aspirata e precipitandosi – mentr'essi le s'involano dietro: E quei flutti, incontrandoli, li portano alla montagna fatale come nubi per l'aria tenue.

PRIMO FAUNO
Sapresti immaginare dove vivono questi spiriti che per i boschi fan musica cosí delicata? Noi abitiamo nelle grotte meno frequentate e nei nascondigli piú riposti, conosciamo bene queste foreste, ma non li incontrammo mai, quantunque li udiamo sovente: dove possono celarsi?

SECONDO FAUNO
È difficile spiegarlo: io ho sentito dire dai piú pratici in faccenda di spiriti che – le bolle aspirate dall'attrazione del sole, su, dai pallidi e deboli fiori acquatici che tapezzano il letto melmoso dei laghi limpidi e degli stagni, sono i padiglioni dove questi spiriti abitano e fluttuano sotto l'atmosfera verde e dorata che il meriggio infiamma attraverso le foglie intrecciate. Quando le gallozze scoppiano e le parti d'aria rara, ardente, ch'essi respirano sotto queste cupolette lucenti ascendono a spargersi nella notte come meteore, essi le cavalcano e guidano il loro volo pazzo e fan loro abbassare le teste ardenti, e tornano a scivolare, infiammati, sotto le acque della terra.

PRIMO FAUNO
Se questi vivono cosí, han forse altri altre vite? Sotto fiori rossi o nelle campanule di fiori di prato? nelle violette cupe, tutte riavvolte in se stesse o sui loro profumi

ACT II

    Or on their dying odours, when they die,
    Or in the sunlight of the sphered dew?
SECOND FAUN
    Aye, many more, which we may well divine.
    But should we stay to speak, noontide would come,
90 And thwart Silenus find his goats undrawn,
    And grudge to sing those wise and lovely songs
    Of fate, and chance, and God, and Chaos old,
    And love, and the chained Titan's woful doom,
    And how he shall be loosed, and make the Earth
95 One brotherhood – delightful strains which cheer
    Our solitary twilights, and which charm
    To silence the unenvying nightingales.

SCENE III

A Pinnacle of Rock among Mountains. Asia and Panthea.

PANTHEA
    Hither the sound has borne us – to the realm
    Of Demogorgon, and the mighty portal,
    Like a volcano's meteor-breathing chasm,
    Whence the oracular vapour is hurled up
5 Which lonely men drink wandering in their youth,
    And call truth, virtue, love, genius, or joy –
    That maddening wine of life, whose dregs they drain
    To deep intoxication, and uplift
    Like Mænads who cry loud, Evoe! Evoe!
10 The voice which is contagion to the world.
ASIA
    Fit throne for such a Power! Magnificent!
    How glorious art thou, Earth! and if thou be
    The shadow of some Spirit lovelier still,
    Though evil stain its work, and it should be
15 Like its creation, weak yet beautiful,

svanenti, quand'esse muoiono? nella luce iridata delle goccie di rugiada?
SECONDO FAUNO
Sí, molte piú che noi non possiamo indovinare. Ma, se restassimo a parlare, giungerebbe mezzogiorno, Sileno scontroso troverebbe i suoi capri ancor in giro e brontolerebbe a dover cantare quelle sue canzoni dotte e piacevoli, sul fato, sul caso, su Dio, sull'antico Chaos, sull'Amore, sulla terribile condanna del Titano incatenato e sul modo che egli verrà sciolto e farà della terra una sola famiglia: canti deliziosi che allietano i nostri crepuscoli solitari e rapiscono gli usignoli, mondi di invidia, fino a farli tacere.

SCENA III

Un Pinnacolo di Rupi, tra Montagne. Asia e Pantea.

PANTEA
Fin qua ci ha portate il suono – al regno di Demogorgone, alla gran porta, donde, come dal cratere fumante di un vulcano, sfugge il vapore profetico. E uomini solitari lo bevono in giovinezza, vagano e lo chiamano verità, virtú, amore, genio o gioia: quell'inebriante liquore della vita di cui assorbono la feccia all'infracidamento per levare poi, come Bassanti che urlino forte «Evoè! Evoè!», la voce che è morbo del mondo.
ASIA
Trono adatto a tale Potenza! Magnifico! Come sei gloriosa, o Terra! E se tu sei l'ombra d'uno spirito piú bello ancora, quantunque il male deturpi la sua opera, e quantunque egli debba essere debole, ma bello, come la sua creazione, io cadrei in ginocchio e adorerei quello e

ACT II

  I could fall down and worship that and thee. –
  Even now my heart adoreth. – Wonderful!
  Look, Sister, ere the vapour dim thy brain;
  Beneath is a wide plain of billowy mist,
20 As a lake, paving in the morning sky,
  With azure waves which burst in silver light,
  Some Indian vale... Behold it, rolling on
  Under the curdling winds, and islanding
  The peak whereon we stand – midway, around
25 Encinctured by the dark and blooming forests,
  Dim twilight lawns and stream-illumed caves
  And wind-enchanted shapes of wandering mist;
  And far on high the keen sky-cleaving mountains,
  From icy spires of sunlike radiance fling
30 The dawn, as lifted Ocean's dazzling spray,
  From some Atlantic islet scattered up,
  Spangles the wind with lamp-like water drops.
  The vale is girdled with their walls – a howl
  Of cataracts from their thaw-cloven ravines
35 Satiates the listening wind, continuous, vast,
  Awful as silence. – Hark! the rushing snow!
  The sun-awakened avalanche! whose mass,
  Thrice sifted by the storm, had gathered there
  Flake after flake, in Heaven-defying minds
40 As thought by thought is piled, till some great truth
  Is loosened, and the nations echo round,
  Shaken to their roots: as do the mountains now.

PANTHEA

  Look, how the gusty sea of mist is breaking
  In crimson foam, even at our feet! it rises
45 As Ocean at the enchantment of the moon
  Round foodless men wrecked on some oozy isle.

ASIA

  The fragments of the cloud are scattered up –
  The wind that lifts them disentwines my hair –
  Its billows now sweep o'er mine eyes – my brain
50 Grows dizzy – I see thin shapes within the mist.

PANTHEA

  A countenance with beckoning smiles – there burns

te! Anche in questo istante il mio cuore adora: Meraviglioso! Guarda, Sorella, prima che il vapore offuschi la tua mente: sotto si stende una vasta pianura di nebbia fluttuosa, come un lago, ricoprente qualche vallata Indiana da onde azzurre che s'infrangono nel cielo del mattino in luce argentea. Guardala avvilupparsi sotto i venti che la condensano: isola, a mezza costa, il picco dove siam noi, cinto intorno di scure foreste in fiore, di prati foschi nel crepuscolo, di caverne illuminate da acque e di forme di nebbia vaganti, trasportate dal vento. Lontano, in alto, i monti acuti che intagliano il cielo, scagliano l'aurora, di tra le guglie di ghiaccio, sfavillanti al sole, come spruzzaglie abbaglianti dell'Oceano sconvolto, sparse da un isolotto dell'Atlantico, che il vento bagna con gocce d'acqua simili a lampi. La valle è racchiusa dalle loro pareti, un croscio di cascate, dai burroni spaccati dal disgelo, sazia, senza mai interrompersi, vasto, solenne come il silenzio, il vento che ascolta. Senti l'impeto della neve! la valanga risvegliata dal sole! La sua massa tre volte stacciata dalla tormenta, s'è ammucchiata laggiú, fiocco a fiocco, come nelle menti, sfidanti il cielo si ammonta pensiero a pensiero, finché vien rimossa qualche gran verità e le nazioni echeggiano intorno scosse alle radici, come fan ora i monti.

PANTEA
Guarda come il mare tempestoso di nebbia s'infrange ai nostri piedi in spuma porpurea! Esso gonfia, come l'Oceano, attratto dalla luna, intorno a naufraghi affamati su un'isola fangosa.

ASIA
I brani delle nubi vengono sparsi in alto; il vento che li solleva sconvolge i miei capelli; i suoi flutti ora volano sui miei occhi; la mia mente è presa da vertigine, vedi delle ombre nella nebbia?

PANTEA
Un volto che sorride accennando: arde una fiamma az-

ACT II

    An azure fire within its golden locks –
    Another and another – hark! they speak!
SONG OF SPIRITS
          To the Deep, to the Deep,
55   Down, down!
          Through the shade of Sleep,
          Through the cloudy strife
          Of Death and of Life;
          Through the veil and the bar
60   Of things which seem and are,
  Even to the steps of the remotest Throne,
              Down, down!

          While the sound, whirls around,
              Down, down!
65   As the fawn draws the hound,
          As the lightning the vapour,
          As a weak moth the taper;
          Death, Despair; Love, Sorrow;
          Time both; to-day, to-morrow;
70 As steel obeys the Spirit of the stone,
              Down, down!

          Through the grey, void Abysm,
              Down, down!
          Where the air is no prism
75   And the moon and stars are not
          And the cavern-crags wear not
          The radiance of Heaven,
          Nor the gloom to Earth given;
  Where there is One pervading, One alone,
80   Down, down!

          In the depth of the Deep,
              Down, down!
          Like veil'd Lightning asleep,
          Like the spark nursed in embers,
85   The last look Love remembers,
          Like a diamond which shines

zurra nei suoi occhi dorati! Un altro un altro ancora: ascolta! Essi parlano!

CANTO DI SPIRITI

Nel profondo, nel profondo, scendi, scendi! Attraverso l'oscurità del sonno, attraverso la lotta oscura della Morte e della Vita; attraverso il velo e la barriera delle cose che sembrano e sono, fino ai gradini del trono piú remoto, scendi, scendi! Mentre il suono ti turbina attorno, scendi, scendi! Come il *cerbiatto attira* il bracco e il vapore la folgore, come il cero una debole falena; come la morte attira la disperazione; l'amore, il dolore, il tempo, ambedue; l'oggi, il domani; come l'acciaio obbedisce alla virtú del magnete, scendi, scendi! Attraverso il grigio abisso vacuo, scendi, scendi! Dove l'aria non fa da prisma, dove mancano la luna e le stelle, le rocce delle caverne non rivestono gli splendori del Cielo, e alla Terra non è concessa l'oscurità, dov'è Uno Solo pervadente, Uno solo: scendi, scendi! Nelle profondità del profondo, scendi, scendi! Laggiú è conservata per te sola una parola fatale, come folgore dormente tra le nubi, come la scintilla nutrita nelle ceneri, come l'ultimo sguardo che l'Amore ricorda, come un diamante che

ACT II

                On the dark wealth of mines,
        A spell is treasured but for thee alone.
                    Down, down!

90   We have bound thee, we guide thee;
                    Down, down!
                With the bright form beside thee –
                Resist not the weakness –
                Such strength is in meekness –
95   That the Eternal, the Immortal,
                Must unloose through life's portal
        The snake-like Doom coiled underneath his throne
                    By that alone!

SCENE IV

The Cave of Demogorgon. Asia and Panthea.

PANTHEA
  What veiled form sits on that ebon throne?
ASIA
  The veil has fallen!...
PANTHEA   I see a mighty Darkness
  Filling the seat of power; and rays of gloom
  Dart round, as light from the meridian Sun,
5 Ungazed upon and shapeless – neither limb
  Nor form – nor outline; yet we feel it is
  A living Spirit.
DEMOGORGON   Ask what thou wouldst know.
ASIA
  What canst thou tell?
DEMOGORGON   All things thou dar'st demand.
ASIA
  Who made the living world?
DEMOGORGON   God.
ASIA   Who made all

rifulge tra le scure ricchezze d'una miniera. Scendi, scendi! Noi ti abbiamo legata, ti guidiamo; scendi, scendi! Colla nostra fulgida figura accanto; non resistere alla tua debolezza nella mansuetudine vi è tale forza che, per essa sola, l'Eterno, l'Immortale dovrà lasciar uscire dalla porta della vita la Sentenza che sta, come un serpente, attortigliata sotto il suo trono.

SCENA IV

La Caverna di Demogorgone. Asia e Pantea.

PANTEA
Che è quella forma velata che siede su quel trono d'ebano?
ASIA
Il velo è caduto.
PANTEA
Vedo una grande oscurità che riempie il seggio del potere, e raggi bui dardeggiano intorno, come luce dal sole del meriggio, raggi mai visti, informi. Essa non ha membra, né una forma, né un'apparenza, eppure noi sentiamo che è uno Spirito vivente.
DEMOGORGONE.
Domandate ciò che volete sapere.
ASIA
E tu, che puoi dire?
DEMOGORGONE
Tutto ciò che osi domandare.
ASIA
Chi fece il mondo vivente?
DEMOGORGONE
Dio.
ASIA
Chi fece tutto ciò che questo mondo contiene? Pensie-

ACT II

10 That it contains – thought, passion, reason, will,
Imagination?

DEMOGORGON   God, Almighty God.

ASIA
Who made that sense which, when the winds of Spring
In rarest visitation, or the voice
Of one beloved heard in youth alone,
15 Fills the faint eyes with falling tears, which dim
The radiant looks of unbewailing flowers,
And leaves this peopled earth a solitude
When it returns no more?

DEMOGORGON   Merciful God.

ASIA
And who made terror, madness, crime, remorse,
20 Which from the links of the great chain of things,
To every thought within the mind of man
Sway and drag heavily – and each one reels
Under the load towards the pit of death;
Abandoned hope, and love that turns to hate;
25 And self-contempt, bitterer to drink than blood;
Pain whose unheeded and familiar speech
Is howling, and keen shrieks, day after day;
And Hell, or the sharp fear of Hell?

DEMOGORGON   He reigns.

ASIA
Utter his name – a world pining in pain
30 Asks but his name; curses shall drag him down.

DEMOGORGON
He reigns.

ASIA   I feel, I know it – who?

DEMOGORGON   He reigns.

ASIA
Who reigns? There was the Heaven and Earth at first
And Light and Love; – then Saturn, from whose throne
Time fell, an envious shadow; such the state

ro, passione, ragionamento, volontà, immaginazione?
DEMOGORGONE
Dio: Dio Onnipotente.
ASIA
Chi fece quel sentimento, che, quando i venti della Primavera ritornano a far le loro rarissime visite, e quando risuona la voce d'una persona amata, udita solo in giovinezza, riempie gli occhi smarriti di lacrime offuscanti la vista radiosa dei fiori (unbewailing?)[4]? Quel sentimento che, quando non torna piú, fa una solitudine di questa terra popolata?
DEMOGORGONE
Dio misericordioso.
ASIA
E chi fece il terrore, la pazzia, il delitto, il rimorso, che dagli anelli della gran catena delle cose, comandano a ogni pensiero nella mente dell'uomo, lo trascinano pesantemente e ognuno vacilla sotto il peso verso l'abisso della morte? Chi fece la speranza abbandonata e l'amore che diventa odio; il disprezzo di sé, piú amaro a bersi del sangue; il dolore che urla nel suo linguaggio, negletto e famigliare; le grida acute, giorno per giorno; e l'Inferno o il timore acerbo di esso?
DEMOGORGONE
Egli regna.
ASIA
Pronuncia il suo nome: un mondo dolorante domanda solo il suo nome: le maledizioni lo trascineranno giú!
DEMOGORGONE
Egli regna.
ASIA
Sento, lo so: ma chi?
DEMOGORGONE
Egli regna.
ASIA
Chi regna? In principio erano il Cielo, la Terra, la Luce e l'Amore; poi ci fu Saturno, dal cui trono cadde il tem-

[4] Senza un lamento.

ACT II

35 Of the earth's primal spirits beneath his sway
As the calm joy of flowers and living leaves
Before the wind or sun has withered them
And semivital worms; but he refused
The birthright of their being, knowledge, power,
40 The skill which wields the elements, the thought
Which pierces this dim Universe like light,
Self-empire, and the majesty of love,
For thirst of which they fainted. Then Prometheus
Gave wisdom, which is strength, to Jupiter,
45 And with this law alone: "Let man be free,"
Clothed him with the dominion of wide Heaven.
To know nor faith, nor love, nor law, to be
Omnipotent but friendless, is to reign;
And Jove now reigned; for on the race of man
50 First famine, and then toil, and then disease,
Strife, wounds, and ghastly death unseen before,
Fell; and the unseasonable seasons drove,
With alternating shafts of frost and fire,
Their shelterless, pale tribes to mountain caves;
55 And in their desert hearts fierce wants he sent,
And mad disquietudes, and shadows idle
Of unreal good, which levied mutual war,
So ruining the lair wherein they raged.
Prometheus saw, and waked the legioned hopes
60 Which sleep within folded Elysian flowers,
Nepenthe, Moly, Amaranth, fadeless blooms;
That they might hide with thin and rainbow wings
The shape of Death; and Love he sent to bind
The disunited tendrils of that vine
65 Which bears the wine of life, the human heart;
And he tamed fire which, like some beast of prey,
Most terrible, but lovely, played beneath
The frown of man, and tortured to his will
Iron and gold, the slaves and signs of power,
70 And gems and poisons, and all subtlest forms
Hidden beneath the mountains and the waves.
He gave man speech, and speech created thought,
Which is the measure of the Universe;
And Science struck the thrones of Earth and Heaven

po, un'ombra gelosa. Tale sotto il suo dominio, era lo stato degli spiriti primitivi della terra, simile alla gioia tranquilla dei fiori e delle foglie viventi, prima che il vento e il sole le abbian fatte avvizzire; alla gioia dei vermi semivivi. Ma egli rifiutò ciò che era il diritto di nascita della esistenza degli uomini: la Conoscenza, il potere, la maestria che soggioga gli elementi; il pensiero che penetra, come luce, quest'universo oscuro; la padronanza di sé e la maestà dell'amore, per la sete del quale essi languivano.

Allora Prometeo diede sapere, che è forza, a Giove e con questa sola legge «Sia libero l'uomo» lo investí del dominio sul Cielo immenso. Non conoscere fedeltà, né amore, né legge; essere onnipotente ma senza un amico, è regnare; e Giove ora regnava. Sul genere umano infatti piombarono, anzitutto la carestia, poi travagli, malattie, lotte, ferite e la morte orribile mai vista prima. Stagioni intempestive spinsero nelle spelonche dei monti le tribú pallide con stimoli alternati di gelo e fuoco; nei loro cuori desolati essi sentirono desideri irresistibili degli uomini, pazze inquietudini, e immaginarono pigre parvenze di bene irreale, che causarono mutue guerre, devastando cosí la tana su cui infierivano.

Prometeo vide e risvegliò le legioni di speranze che dormono nelle corolle Elisie richiuse, Nepente, Moli, Amaranto, fiori eterni, che potrebbero nascondere con ali tenui e iridate la forma della morte. E mandò l'Amore a riallacciare i viticci disgiunti della pianta che dà il vino della vita, il cuore umano; e domò il fuoco che, come un animale da preda, scherzò sotto il cipiglio dell'uomo, piú terribile ma grazioso. Torturò a suo piacere il ferro e l'oro, gli schiavi e gli indizi della potenza; le gemme e i veleni e tutte le forme piú sottili, nascoste sotto le montagne e sotto le onde. Diede all'uomo il linguaggio e il linguaggio creò il pensiero, ch'è la misura dell'universo; la Scienza cozzò coi troni della terra e del cielo che

75 Which shook, but fell not; and the harmonious mind
   Poured itself forth in all-prophetic song,
   And music lifted up the listening spirit
   Until it walked, exempt from mortal care,
   Godlike, o'er the clear billows of sweet sound;
80 And human hands first mimicked and then mocked
   With moulded limbs more lovely than its own,
   The human form, till marble grew divine,
   And mothers, gazing, drank the love men see
   Reflected in their race, behold, and perish.
85 He told the hidden power of herbs and springs,
   And Disease drank and slept – Death grew like sleep. –
   He taught the implicated orbits woven
   Of the wide-wandering stars, and how the Sun
   Changes his lair, and by what secret spell
90 The pale moon is transformed, when her broad eye
   Gazes not on the interlunar sea;
   He taught to rule, as life directs the limbs,
   The tempest-winged chariots of the Ocean,
   And the Celt knew the Indian. Cities then
95 Were built, and through their snow-like columns flowed
   The warm winds, and the azure æther shone,
   And the blue sea and shadowy hills were seen...
   Such, the alleviations of his state,
   Prometheus gave to man – for which he hangs
100 Withering in destined pain – but who rains down
    Evil, the immedicable plague, which, while
    Man looks on his creation like a God
    And sees that it is glorious, drives him on,
    The wreck of his own will, the scorn of Earth,
105 The outcast, the abandoned, the alone? –
    Not Jove: while yet his frown shook Heaven, aye when
    His adversary from adamantine chains
    Cursed him, he trembled like a slave. Declare
    Who is his master? Is he too a slave?

DEMOGORGON
110 All spirits are enslaved who serve things evil:
    Thou knowest if Jupiter be such or no.

ASIA
    Whom calledst thou God?

tronarono, ma non caddero; la mente armoniosa versò se stessa nella poesia profetica di tutto e la musica levò in alto lo spirito ascoltante fino a farlo vagare libero da cure mortali, come un Dio nelle onde serene d'una melodia soave. D'allora l'uomo con membra modellate piú graziose delle sue *«mimicked»* e *«mocked»*[5] la figura umana, finché il marmo si fece divino; e le madri guardandola assorbirono l'Amore che gli uomini vedono riflesso nella loro specie e ammirando, deperiscono. Prometeo rivelò la virtú segreta delle erbe e degli alberi e, bevendo, le Malattie s'addormentarono. La morte divenne simile al sonno. Egli insegnò l'intreccio complicato delle larghe orbite stellari; insegnò come il sole cangi la sua dimora e da quale incantesimo segreto venga trasformata la luna pallida quando il suo occhio lucente non s'affissa sul mare interlunare. Egli insegnò a reggere come la vita regge le membra, i carri dell'Oceano trasportati come a volo, dalle tempeste e il Celta potè conoscere l'Indiano. Vennero allora costruite città e attraverso le loro colonne nivee alitarono venti tiepidi, risplendé l'etere cilestro, e si videro colline ombrose e il mare azzurro. Tali sono gli alleviamenti che Prometeo diede allo stato degli uomini, per cui pende languendo in un supplizio fatale. Ma chi scagliò giú il male, la piaga incurabile che, mentre l'uomo guarda sulla sua creazione come un Dio, e vede ch'essa è gloriosa, lo trascina avanti. Chi fece la rovina della sua volontà; chi causò lo sprezzo della terra; gli esiliati, gli abbandonati, i solitari? Non Giove: che mentre il suo ciglio scuoteva il Cielo, sí, quando il suo avversario lo malediva dalle catene adamantine, tremava come uno schiavo. Dillo chi ha per padrone? È anch'egli uno schiavo?

DEMOGORGONE
Tutti gli spiriti che servono ad esseri cattivi sono schiavi: tu sai se Giove lo sia o no.

ASIA
E chi è che tu chiamasti Dio?

---

[5] Imitarono e derisero.

ACT II

DEMOGORGON I spoke but as ye speak –
  For Jove is the supreme of living things.
ASIA
  Who is the master of the slave?
DEMOGORGON – If the Abysm
115 Could vomit forth its secrets: – but a voice
  Is wanting, the deep truth is imageless;
  For what would it avail to bid thee gaze
  On the revolving world? what to bid speak
  Fate, Time, Occasion, Chance and Change? To these
120 All things are subject but eternal Love.
ASIA
  So much I asked before, and my heart gave
  The response thou hast given; and of such truths
  Each to itself must be the oracle. –
  One more demand... and do thou answer me
125 As my own soul would answer, did it know
  That which I ask. – Prometheus shall arise
  Henceforth the Sun of this rejoicing world:
  When shall the destined hour arrive?
DEMOGORGON Behold!
ASIA
  The rocks are cloven, and through the purple night
130 I see Cars drawn by rainbow-winged steeds
  Which trample the dim winds – in each there stands
  A wild-eyed charioteer, urging their flight.
  Some look behind, as fiends pursued them there,
  And yet I see no shapes but the keen stars:
135 Others, with burning eyes, lean forth, and drink
  With eager lips the wind of their own speed,
  As if the thing they loved fled on before,
  And now – even now, they clasped it; their bright locks
  Stream like a comet's flashing hair: they all
140 Sweep onward. –
DEMOGORGON These are the immortal Hours
  Of whom thou didst demand. – One waits for thee.
ASIA
  A Spirit with a dreadful countenance
  Checks its dark chariot by the craggy gulph.

ATTO SECONDO 99

DEMOGORGONE
Io non parlai che come parlate voi, poiché Giove è il supremo degli esseri viventi.
ASIA
Chi è il padrone dello schiavo?
DEMOGORGONE
Se l'abisso potesse dar fuori i suoi segreti... Ma una voce manca, la verità assoluta è senza immagine. Che gioverebbe infatti comandarti di guardare il mondo roteante? comandarti di parlare del Fato, del Tempo, dell'Occasione, del Caso, del Mutamento? A queste cose, tutto è soggetto, salvo l'Amore eterno.
ASIA
Questo press'a poco m'ero chiesto prima e il cuore mi diede la risposta che tu m'hai dato. Di tali verità ciascuno dev'essere oracolo a se stesso. Ancora una domanda; e tu mi risponderai, come mi risponderebbe l'anima se conoscesse ciò che domando. D'ora innanzi Prometeo si leverà, sole di questo mondo esultante:
quando arriverà l'ora fatale?
DEMOGORGONE
Guarda!
ASIA
Le rupi sono squarciate e nella notte sanguigna vedo cocchi, tirati da corsieri dall'ali iridate, che van sui venti foschi. Su ogni cocchio sta ritto un auriga dagli occhi selvaggi, che stimola lo slancio dei cavalli. Alcuni si guardano dietro, come se demoni li inseguissero, eppure non vedo altre figure tranne le stelle vivide: altri, dagli occhi fiammeggianti si piegano innanzi e bevono colle labbra avide il vento della loro velocità come se l'essere amato li precedesse ed ora, proprio ora, lo abbracciassero. I loro capelli lucenti ondeggiano come la chioma sfolgorante d'una cometa: tutti volano avanti.
DEMOGORGONE
Queste sono le Ore immortali, di cui domandavi: Una di esse ti attende.
ASIA
Uno spirito dall'aspetto terribile arresta il suo cocchio

ACT II

Unlike thy brethren, ghastly charioteer,
145 Who art thou? whither wouldst thou bear me? Speak!
SPIRIT
    I am the shadow of a destiny
    More dread than is mine aspect – ere yon planet
    Has set, the Darkness which ascends with me
    Shall wrap in lasting night Heaven's kingless throne.
ASIA
150 What meanest thou?
PANTHEA   That terrible shadow floats
    Up from its throne, as may the lurid smoke
    Of earthquake-ruined cities o'er the sea. –
    Lo! it ascends the Car... the coursers fly
    Terrified; watch its path among the stars
155 Blackening the night!
ASIA   Thus I am answered – strange!
PANTHEA
    See, near the verge, another chariot stays;
    An ivory shell inlaid with crimson fire,
    Which comes and goes within its sculptured rim
    Of delicate strange tracery – the young Spirit
160 That guides it, has the dovelike eyes of hope.
    How its soft smiles attract the soul! – as light
    Lures winged insects through the lampless air.
SPIRIT
        My coursers are fed with the lightning,
           They drink of the whirlwind's stream,
165   And when the red morning is brightning
           They bathe in the fresh sunbeam;
           They have strength for their swiftness, I deem:
               Then ascend with me, daughter of Ocean.

        I desire – and their speed makes night kindle;
170   I fear – they outstrip the Typhoon;
    Ere the cloud piled on Atlas can dwindle
           We encircle the earth and the moon:
           We shall rest from long labours at noon:
               Then ascend with me, daughter of Ocean.

scuro presso l'abisso scosceso. O tu che sei dissimile dai tuoi fratelli, tremendo auriga, chi sei? Dove mi porteresti? Parla!

SPIRITO

Sono l'ombra d'un destino piú formidabile della mia figura: prima che quel pianeta sia tramontato, l'oscurità che sale con me avvolgerà in una lunga notte il trono vuoto del cielo.

ASIA

Che intendi dire?

PANTEA

Quell'ombra terribile ondeggia su, dal suo trono, come fa sul mare il fumo scuro delle città rovinate dal terremoto. Guardala! sale sul cocchio; i cavalli sfuggono atterriti: guarda la sua traccia tra le stelle, annerire la notte!

ASIA

Cosí m'ha risposto: strano!

PANTEA

Guarda, sull'orlo si ferma un altro cocchio; una conchiglia d'avorio, intarsiata d'un fuoco cremisi, che va e viene entro l'orlo scolpito d'un reticolato fine mirabile. Il giovane spirito che lo guida ha gli occhi della speranza simili ad occhi di colombo. Come rapiscono l'anima i suoi teneri sorrisi! nello stesso modo la luce alletta, per l'aria buia, gli insetti alati.

SPIRITO

I miei cavalli son nutriti di folgore, bevono alla fiumana dell'uragano e quando brilla il mattino roseo si bagnano nei freschi raggi del sole. Essi son forti per la loro prestezza, credo; sali quindi con me, figlia dell'Oceano. Lo desidero: e andranno tanto veloci che infiammeranno la notte; Io temo: essi vincono in corsa il Tifone; prima che la nube ammassata sull'Atlante possa dileguarsi, noi giriamo intorno alla Terra e alla Luna. A mezzogiorno ci riposeremo dalle lunghe fatiche: sali quindi con me, figlia dell'Oceano.

SCENE V

The Car pauses within a Cloud on the Top of a snowy Mountain. Asia, Panthea and the Spirit of the Hour.

SPIRIT
On the brink of the night and the morning
    My coursers are wont to respire,
But the Earth has just whispered a warning
    That their flight must be swifter than fire:
5   They shall drink the hot speed of desire!
ASIA
Thou breathest on their nostrils – but my breath
Would give them swifter speed.
SPIRIT   Alas, it could not.
PANTHEA
Oh Spirit! pause and tell whence is the light
Which fills the cloud? the sun is yet unrisen.
SPIRIT
10 The sun will rise not until noon. – Apollo
Is held in Heaven by wonder – and the light
Which fills this vapour, as the aerial hue
Of fountain-gazing roses fills the water,
Flows from thy mighty sister.
PANTHEA   Yes, I feel...
ASIA
15 What is it with thee, sister? Thou art pale.
PANTHEA
How thou art changed! I dare not look on thee;
I feel, but see thee not. I scarce endure
The radiance of thy beauty. Some good change
Is working in the elements which suffer
20 Thy presence thus unveiled. – The Nereids tell
That on the day when the clear hyaline
Was cloven at thine uprise, and thou didst stand
Within a veined shell, which floated on

SCENA V

Il Cocchio s'arresta in una Nube, sulla vetta d'una Montagna nevosa. Asia, Pantea e lo Spirito dell'Ora.

SPIRITO
Tra la notte e il mattino i miei cavalli sogliono fermarsi a respirare; ma la Terra ha mormorato or ora un avviso, che il loro volo dev'essere piú veloce del fuoco: berranno la calda velocità del desiderio!

ASIA
Tu respiri sulle loro narici, ma il mio respiro li fornirebbe d'un passo piú veloce.

SPIRITO
Via! Non può essere.

PANTEA
O Spirito! ferma, e dí donde viene la luce che riempie questa nube. Non è ancor sorto il Sole.

SPIRITO
Non sorgerà fino a mezzogiorno. Apollo è trattenuto in Cielo dalla maraviglia; e la luce che riempie questa nuvola, come il calore etereo di rose che si specchiano in una fontana riempie l'acqua, emana dalla tua sorella maestosa.

PANTEA
Sí, sento –

ASIA
Che hai, sorella? Sei pallida.

PANTEA
Come sei mutata! Io non oso guardarti; ti sento, ma non ti vedo. Appena reggo al fulgore della tua bellezza. Una metamorfosi benefica s'opera negli elementi che sopportano il tuo aspetto cosí svelato. Le Nereidi raccontano: il giorno, che la limpida trasparenza del mare, s'aperse alla tua nascita e tu dimorasti in una conchiglia venata, fluttuante sul piano tranquillo del mare cristalli-

Over the calm floor of the crystal sea,
25 Among the Ægean isles, and by the shores
Which bear thy name, love, like the atmosphere
Of the sun's fire filling the living world,
Burst from thee, and illumined Earth and Heaven
And the deep ocean and the sunless caves,
30 And all that dwells within them; till grief cast
Eclipse upon the soul from which it came:
Such art thou now, nor is it I alone,
Thy sister, thy companion, thine own chosen one,
But the whole world which seeks thy sympathy.
35 Hearest thou not sounds i' the air which speak the love
Of all articulate beings? Feelest thou not
The inanimate winds enamoured of thee? – List!

Music.

ASIA
Thy words are sweeter than aught else but his
Whose echoes they are – yet all love is sweet,
40 Given or returned; common as light is love
And its familiar voice wearies not ever.
Like the wide Heaven, the all-sustaining air,
It makes the reptile equal to the God...
They who inspire it most are fortunate
45 As I am now; but those who feel it most
Are happier still, after long sufferings,
As I shall soon become.
PANTHEA   List! Spirits speak.
VOICE (*in the air, singing*)
    Life of Life! thy lips enkindle
        With their love the breath between them
50   And thy smiles before they dwindle
        Make the cold air fire; then screen them
    In those looks where whoso gazes
    Faints, entangled in their mazes.

    Child of Light! thy limbs are burning
55   Through the vest which seems to hide them;

lo, tra l'isole Egee, presso le spiagge che portano il tuo nome l'amore, come l'atmosfera infiammata del sole che riempie il mondo vivente, arse per te, illuminando la terra e il cielo, le profondità dell'Oceano e le caverne buie, con tutto ciò che le abita; finché il dolore non ebbe gettata un'ombra sull'anima da cui nacque. Tale sei tu ora ed io non sono soltanto la tua sorella, la tua compagna, la tua eletta, ma il mondo intiero che cerca la tua grazia. Non odi nell'aria suoni che dicono l'amore di tutti gli esseri viventi? Non senti i venti inanimati innamorati di te? Ascolta!

[Musica].

ASIA
Le tue parole sono piú dolci che ogni altra cosa, tranne che colui di cui sono gli echi: eppure ogni amore è soave, dato o corrisposto. L'amore è comune come la luce e la sua voce famigliare non stanca mai. Come il Cielo immenso, l'aria che tutto sostiene esso rende il rettile uguale a Dio. Quelli che lo ispirano sono sommamente fortunati, come son ora; ma quelli che lo sentono, dopo lunghe sofferenze, sono infinitamente piú felici, come diverrò presto.

PANTEA
Ascolta! degli spiriti parlano.

VOCE (*nell'aria, cantante*)
Vita della Vita! Le tue labbra, col loro amore, accendono il respiro tra di esse; e i tuoi sorrisi, prima di dileguare, infiammano l'aria gelida. Nascondili dunque in quegli occhi che chiunque li guarda vien meno, smarrito nei loro intrichi. Figlia della Luce! Le tue membra ardono attraverso la veste che pare nasconderle; come i raggi lu-

As the radiant lines of morning
    Through the clouds ere they divide them,
And this atmosphere divinest
Shrouds thee wheresoe'er thou shinest.

60 Fair are others, – none beholds thee,
        But thy voice sounds low and tender
    Like the fairest – for it folds thee
        From the sight, that liquid splendour,
    And all feel, yet see thee never,
65 As I feel now, lost forever!

    Lamp of Earth! where'er thou movest
        Its dim shapes are clad with brightness,
    And the souls of whom thou lovest
        Walk upon the winds with lightness,
70 Till they fail, as I am failing,
    Dizzy, lost... yet unbewailing!

ASIA

        My soul is an enchanted Boat,
        Which, like a sleeping swan, doth float
    Upon the silver waves of thy sweet singing,
75   And thine doth like an Angel sit
        Beside the helm conducting it,
    Whilst all the winds with melody are ringing.
        It seems to float ever – forever –
        Upon that many winding River
80   Between mountains, woods, abysses,
        A Paradise of wildernesses,
    Till, like one in slumber bound,
    Borne to the Ocean, I float down, around,
    Into a Sea profound, of ever-spreading sound.

85   Meanwhile thy Spirit lifts its pinions
        In Music's most serene dominions,
    Catching the winds that fan that happy Heaven.
        And we sail on, away, afar,
        Without a course – without a star –
90 But, by the instinct of sweet Music driven;

centi del mattino attraverso le nubi, prima d'aprirle; e questa atmosfera divina ti protegge ovunque tu risplendi. Altri sono belli; nessuno ti contempla, poiché quel dolce splendore ti nasconde alla vista, ma la tua voce suona profonda e tenera come fosse della creatura piú bella e tutti, senza mai vederti, ti sentono, come io, perduto per sempre! ti sento ora. Lume della Terra! dovunque muovi le sue forme oscure si rivestono di luce e gli spiriti che amano vanno leggeri sui venti, finché mancano, com'io ora, vertiginosi, perduti, ma senza un lamento!

ASIA
La mia anima è una barca incantata che fluttua, come un cigno dormente, sull'onde argentee del tuo canto soave; e il tuo spirito siede come un angelo accanto al timone, guidando, mentre tutti i venti risuonano melodiosi. Par di fluttuare sempre, per sempre su quel fiume sinuoso, tra monti boschi abissi: un paradiso di solitudine! Finchè, come chi preso da sonno è portato all'oceano, io scendo, fluttuando, intorno, in un mare profondo di melodia eterna. Intanto il tuo spirito leva le sue ali nei domini piú sereni della musica; prendendo i venti ch'alitano per quel cielo felice. E noi veleggiamo via, lontano, senza una guida, una stella condotti solo dall'istinto della musica soave; finché la barca del mio desi-

        Till through Elysian garden islets
        By thee, most beautiful of pilots,
        Where never mortal pinnace glided,
        The boat of my desire is guided –
95   Realms where the air we breathe is Love,
        Which in the winds and on the waves doth move,
        Harmonizing this Earth with what we feel above.

        We have past Age's icy caves,
        And Manhood's dark and tossing waves,
100   And Youth's smooth ocean, smiling to betray;
        Beyond the glassy gulphs we flee
        Of shadow-peopled Infancy,
        Through Death and Birth, to a diviner day,
        A Paradise of vaulted bowers
105   Lit by downward-gazing flowers
        And watery paths that wind between
        Wildernesses calm and green,
        Peopled by shapes too bright to see,
        And rest, having beheld – somewhat like thee,
110   Which walk upon the sea, and chant melodiously!

END OF THE SECOND ACT

derio è guidata da Te, il piú bello dei piloti, in mezzo agli isolotti del giardino Elisio dove non scivolò mai scafo mortale: Regni dove l'aria che respiriamo è amore, che muove nei venti e sulle onde, armonizzando questa terra con ciò che sentiamo in alto.

Abbiamo superato le caverne ghiacciate della Vecchiaia, le onde scure e agitate della Virilità, l'oceano carezzevole della Giovinezza, sorridente per poi tradire, volammo oltre i golfi cristallini dell'Infanzia popolata d'ombre, attraverso la Morte e la Nascita, a un giorno piú divino; un paradiso di pergole arcate rischiarate da fiori dalla carolla reclinata, sentieri d'acqua che si svolgono tra solitudini tranquille e verdi, popolate da ombre troppo splendide a vederle, e ci arrestiamo, avendole contemplate: forme simili a te che vanno sul mare e cantano melodiose!

ACT III

SCENE I

Heaven. Jupiter on his Throne; Thetis and the other Deities, assembled.

JUPITER
Ye congregated Powers of Heaven who share
The glory and the strength of him ye serve,
Rejoice! henceforth I am omnipotent.
All else has been subdued to me – alone
The soul of man, like unextinguished fire,
Yet burns towards Heaven with fierce reproach and doubt,
And lamentation, and reluctant prayer,
Hurling up insurrection, which might make
Our antique empire insecure, though built
On eldest faith, and Hell's coeval, fear.
And though my curses through the pendulous air
Like snow on herbless peaks, fall flake by flake,
And cling to it – though under my wrath's night
It climb the crags of life, step after step,
Which wound it, as ice wounds unsandalled feet,
It yet remains supreme o'er misery,
Aspiring... unrepressed; yet soon to fall:
Even now have I begotten a strange wonder,
That fatal Child, the terror of the Earth,
Who waits but till the destined Hour arrive,
Bearing from Demogorgon's vacant throne
The dreadful might of ever living limbs
Which clothed that awful spirit unbeheld –
To redescend and trample out the spark...

Pour forth Heaven's wine, Idæan Ganymede,
And let it fill the dædal cups like fire,

ATTO TERZO

SCENA I

Cielo. Giove sul Trono. Teti e le altre divinità riunite.

GIOVE
Voi potenze del Cielo, qui congregate, che partecipate della gloria e della forza di colui che servite, rallegratevi! D'or innanzi io sono onnipotente. Tutto è stato sottomesso a me; solo lo spirito dell'uomo arde verso il cielo, come un fuoco inestinto, con fiere rampogne con dubbi lamenti e preghiere riluttanti. Egli avventa su una ribellione che farebbe temere poi il nostro antico impero, malsicuro quantunque coevo dell'inferno e fondato sulla piú antica fede. E quantunque le mie maledizioni cadano attraverso l'atmosfera che lo sovrasta e gli si appigliano, come neve su picchi nudi, a fiocco a fiocco: quantunque sotto la notte della mia collera scali a passo a passo le rupi della vita, ed esse lo feriscano, come il ghiaccio i piedi scalzi, egli sta supremo sulla sua miseria con aspirazioni indomite, vicino tuttavia a cadere. Ho, persino, ora, generato uno strano miracolo, quel figlio fatale, terrore della terra, il quale aspetta solo l'arrivo dell'ora stabilita per ridiscendere e conculcare la favilla, portando dal trono vacante di Demogorgone la spaventevole potenza delle membra immortali che vestivano quel tremendo spirito invisibile. Mesci il vino del Cielo, Ganimede Ideo, ed esso riempia come fuoco le coppe dedalie, e dal suolo divino intrecciato di fiori,

    And from the flower-inwoven soil divine,
    Ye all triumphant harmonies arise,
    As dew from Earth under the twilight stars;
30 Drink! be the nectar circling through your veins
    The soul of joy, ye everliving Gods,
    Till exultation burst in one wide voice
    Like music from Elysian winds. –
                             And thou
    Ascend beside me, veiled in the light
35 Of the desire which makes thee one with me,
    Thetis, bright Image of Eternity! –
    When thou didst cry, "Insufferable might!
    God! spare me! I sustain not the quick flames,
    The penetrating presence; all my being,
40 Like him whom the Numidian seps did thaw
    Into a dew with poison, is dissolved,
    Sinking through its foundations" – even then
    Two mighty spirits, mingling, made a third
    Mightier than either – which unbodied now,
45 Between us, floats, felt, although unbeheld,
    Waiting the incarnation, which ascends –
    Hear ye the thunder of the fiery wheels
    Griding the winds? – from Demogorgon's throne. –
    Victory! victory! Feel'st thou not, O World,
50 The Earthquake of his chariot thundering up
    Olympus?
    (*The Car of the Hour arrives. Demogorgon descends and moves towards the Throne of Jupiter*).
                  Awful Shape, what art thou? Speak!

DEMOGORGON

    Eternity – demand no direr name.
    Descend, and follow me down the abyss;
    I am thy child, as thou wert Saturn's child,
55 Mightier than thee; and we must dwell together
    Henceforth in darkness. – Lift thy lightnings not.
    The tyranny of Heaven none may retain,
    Or reassume, or hold succeeding thee...
    Yet if thou wilt – as 'tis the destiny
60 Of trodden worms to writhe till they are dead –
    Put forth thy might.

sorgete voi, armonie trionfatrici di tutto, come dalla Terra, sotto le stelle crepuscolari, sorge la rugiada: Bevete! Il nettare fluente per le vostre vene sia lo spirito della gioia, o Dei immortali, finché il tripudio arda nella vostra voce, come la musica dai venti Elisi. E tu, Teti, splendente, immagine dell'Eternità, ascendimi accanto, velata nella luce del desiderio che ti fa una con me! Quando gridasti: «Potenza insopportabile. Dio! Risparmiami! Io non sostengo le tue vive fiamme, la tua presenza penetrante, tutto il mio essere, come quello che il serpente Numida sciolse in rugiada con veleno, vien ora disciogliendosi, e manca dalle fondamenta», anche allora due spiriti potenti, mischiandosi, ne produssero un terzo piú potente dei due. Egli è incorporeo ora, e fluttua tra noi, sentito, ma non visto, attende l'incarnazione che sale dal trono di Demogorgone e non odo il fragore delle ruote accese taglianti i venti?
Vittoria! Vittoria! Non senti, mondo, il terremoto del suo cocchio rimbombante sull'Olimpo? (*Giunge il Carro delle Ore. Demogorgone discende e muove verso il trono di Giove*) Tremenda figura, che sei tu? Parla!

DEMOGORGONE

L'Eternità. Non domandare una parola piú terribile. Discendi e seguimi giú nell'abisso. Sono tuo figlio, come tu eri il figlio di Saturno, e sono piú potente di te: d'or'innanzi dobbiamo abitare insieme nell'oscurità. Non levare le tue folgori. Nessuno può conservare la tirannia del cielo, o riassumerla o continuarla, succedendoti. Eppure, se lo vuoi, com'è destino dei vermi calpestati, di contorcersi fino alla morte, mostra la tua potenza.

ACT III

JUPITER   Detested prodigy!
Even thus beneath the deep Titanian prisons
I trample thee!... Thou lingerest?

                                    Mercy! mercy!
No pity – no release, no respite!... Oh,
That thou wouldst make mine enemy my judge.
Even where he hangs, seared by my long revenge
On Caucasus – he would not doom me thus. –
Gentle, and just, and dreadless, is he not
The monarch of the world? – what then art thou?...
No refuge! no appeal – ...

                              Sink with me then –
We two will sink in the wide waves of ruin,
Even as a vulture and a snake outspent
Drop, twisted in inextricable fight,
Into a shoreless sea. – Let Hell unlock
Its mounded Oceans of tempestuous fire,
And whelm on them into the bottomless void
The desolated world and thee and me,
The conqueror and the conquered, and the wreck
Of that for which they combated.

                                    Ai! Ai!
The elements obey me not... I sink...
Dizzily down – ever, forever, down –
And, like a cloud, mine enemy above
Darkens my fall with victory! – Ai! Ai!

SCENE II

The Mouth of a great River in the Island Atlantis. Ocean is discovered reclining near the Shore; Apollo stands beside him.

OCEAN
He fell, thou sayest, beneath his conqueror's frown?

ATTO TERZO

GIOVE

Detestato prodigio! Ti schiaccio cosí, sotto le profonde prigioni Titanniche! Indugi? Grazia! Grazia! Nessuna pietà, nessun perdono, non un respiro! Oh se tu chiamassi a mio giudice il mio nemico, anche là sul Caucaso dove pende consunto dalla mia lunga vendetta! Egli non mi condannerebbe cosi! Non è mansueto, giusto e intrepido il monarca del mondo? Che sei tu allora? Nessun rifugio! Nessun appello! Cadi con me, allora, affonderemo noi due tra larghe ondate di rovina come un avvoltoio e un serpente spossati, allacciati in una lotta inestricabile, precipitano in un mare senza rive. Trabocchi l'inferno coi suoi oceani arginati di fuoco tempestoso e rovesci su di essi nel vuoto sconfinato, questo mondo distrutto, e te e me, il vincitore e il vinto insieme alla rovina di ciò, per cui si combatteva. Ai! Ai! Gli elementi non mi obbediscono. Io cado vertiginosamente giú, sempre, per sempre. E sopra, come una nube, il nemico oscura la mia caduta colla vittoria! Ai, Ai!

SCENA II

La Foce d'un gran fiume nell'Isola Atlantis. Si scorge Oceano reclinato presso la spiaggia; Apollo gli sta ritto accanto.

OCEANO

Cadde, dicesti, sotto il cipiglio del suo vincitore?

ACT III

APOLLO
    Aye, when the strife was ended which made dim
    The orb I rule, and shook the solid stars.
    The terrors of his eye illumined Heaven
5 With sanguine light, through the thick ragged skirts
    Of the victorious Darkness, as he fell;
    Like the last glare of day's red agony,
    Which, from a rent among the fiery clouds,
    Burns far along the tempest-wrinkled deep.

OCEAN
10 He sunk to the abyss? to the dark void?

APOLLO
    An eagle so, caught in some bursting cloud
    On Caucasus, his thunder-baffled wings
    Entangled in the whirlwind, and his eyes
    Which gazed on the undazzling sun, now blinded
15 By the white lightning, while the ponderous hail
    Beats on his struggling form, which sinks at length
    Prone, and the aerial ice clings over it.

OCEAN
    Henceforth the fields of Heaven-reflecting sea
    Which are my realm, will heave, unstain'd with blood
20 Beneath the uplifting winds – like plains of corn
    Swayed by the summer air; my streams will flow
    Round many-peopled continents and round
    Fortunate isles; and from their glassy thrones
    Blue Proteus and his humid Nymphs shall mark
25 The shadow of fair ships, as mortals see
    The floating bark of the light-laden moon
    With that white star, its sightless pilot's crest,
    Borne down the rapid sunset's ebbing sea;
    Tracking their path no more by blood and groans,
30 And desolation, and the mingled voice
    Of slavery and command – but by the light
    Of wave-reflected flowers, and floating odours,
    And music soft, and mild, free, gentle voices,
    That sweetest music, such as spirits love.

APOLLO
35 And I shall gaze not on the deeds which make

ATTO TERZO

APOLLO
Sí, quando terminò la lotta che offuscò la sfera ch'io guido e scosse le solide stelle, il terrore del suo occhio, mentr'egli cadeva, illuminava il cielo di luce sanguigna attraverso i densi orli sbrindellati dell'oscurità vittoriosa, come gli ultimi bagliori dell'agonia purpurea del giorno, che da uno squarcio tra le nubi ardenti incendiano lontano il mare sconvolto dalle tempeste.

OCEANO
Egli sprofondò nell'abisso? Nel vento vuoto scuro?

APOLLO
Sí, come un'aquila presa sul Caucaso in una nube infiammata, coll'ali vinte dal fulmine e impacciate nei turbini, cogli occhi, che prima fissavano il sole senza offuscarsi, accecati ora dalla bianchezza della folgore mentre la grandine ponderosa le pesta il corpo, che si dibatte, cade infine prono e il ghiaccio aereo gli si attacca sopra.

OCEANO
D'or innanzi le distese del mare rispecchianti il cielo, che sono il mio regno, palpiteranno, sotto i venti, monde di sangue, come campi di grano piegati dalla brezza estiva. Le mie correnti fluiranno intorno a continenti popolati e intorno ad isole felici. Dai loro troni vitrei, Proteo azzurro e le sue umide ninfe osserveranno l'ombra di navi incantevoli, come i mortali vedono la barca fluttuante della luna piena di luce, condotta giú per il mare calante dell'orizzonte infiammato, con quella stella candida, la cresta del suo pilota cieco. E le imbarcazioni seguiranno la scia non piú con sangue, gemiti e desolazione, colla voce mista della schiavitú e del comando, ma colla luce di fiori riflessi nell'onda, con profumi spiranti, con musiche leni e voci soavi, libere gentili, quella musica dolcissima prediletta dagli spiriti.

APOLLO
Ed io non scorgerò piú i misfatti che m'offuscano la

ACT III

    My mind obscure with sorrow, as Eclipse
    Darkens the sphere I guide – but list, I hear
    The small, clear, silver lute of the young spirit
    That sits i' the Morning star.
OCEAN   Thou must away?
40 Thy steeds will pause at even – till when, farewell.
    The loud Deep calls me home even now, to feed it
    With azure calm out of the emerald urns
    Which stand forever full beside my throne.
    Behold the Nereids under the green sea,
45 Their wavering limbs borne on the windlike stream,
    Their white arms lifted o'er their streaming hair
    With garlands pied and starry sea-flower crowns,
    Hastening to grace their mighty Sister's joy.
    (A sound of waves is heard).
    It is the unpastured Sea hung'ring for Calm.
50 Peace, Monster – I come now! Farewell.
APOLLO   Farewell! –

SCENE III

Caucasus.
Prometheus, Hercules, Ione, the Earth, Spirits.
Asia and Panthea borne in the Car with the Spirit of the Hour.
Hercules unbinds Prometheus, who descends.

HERCULES
    Most glorious among Spirits, thus doth strength
    To wisdom, courage, and long suffering love,
    And thee, who art the form they animate,
    Minister, like a slave.
PROMETHEUS   Thy gentle words
5 Are sweeter even than freedom long desired
    And long delayed.
                Asia, thou light of life,

mente d'afflizione, come un'eclisse oscura la sfera che guido. Ma ascolta, io odo il liuto tenue, limpido, argenteo del giovane spirito che sta nella stella del mattino.

OCEANO
Tu devi partire; i tuoi corsieri s'arresteranno a sera, e fino a allora, addio: il mare fragoroso mi chiama a casa, e io debbo nutrirlo d'una calma azzurra con le mie urne di smeraldo, che stan, piene per sempre, accanto al mio trono. Guarda le Nereidi sotto il mare verdastro, le loro membra ondeggianti portate dalla corrente come dal vento, le braccia candide levate sui capelli fluenti, con collane screziate e corone trapunte di fiori marini: esse corrono ad abbellire la gioia della loro bella sorella. (S'ode un suono d'onde) È il mare digiuno, affamato di calma. Sia pace a te, «monster»[6]. Io vengo ora. Addio.

APOLLO
Addio.

SCENA III

Caucaso. Prometeo Ercole Ione la Terra e Spiriti: Asia e Pantea portate nel cocchio insieme allo Spirito dell'Ora. Ercole scioglie Prometeo che discende.

ERCOLE
Gloriosissimo tra gli Spiriti, cosí la forza serve come una schiava alla saggezza, al coraggio, all'amore che sa soffrire tanto tempo e a te che sei la loro forma animata.

PROMETEO
Le tue parole cortesi sono piú dolci della libertà lungo tempo desiderata e lungo tempo ritardata. Asia, luce della vita, ombra d'una bellezza invisibile; e voi, grazio-

[6] Mostro.

Shadow of beauty unbeheld; and ye
Fair sister nymphs, who made long years of pain
Sweet to remember, through your love and care:
Henceforth we will not part. There is a Cave,
All overgrown with trailing odorous plants,
Which curtain out the day with leaves and flowers,
And paved with veined emerald, and a fountain
Leaps in the midst with an awakening sound;
From its curved roof the mountain's frozen tears
Like snow or silver or long diamond spires,
Hang downward, raining forth a doubtful light;
And there is heard the ever-moving air,
Whispering without from tree to tree, and birds,
And bees; and all around are mossy seats,
And the rough walls are clothed with long soft grass;
A simple dwelling, which shall be our own,
Where we will sit and talk of time and change,
As the world ebbs and flows, ourselves unchanged –
What can hide man from Mutability? –
And if ye sigh, then I will smile, and thou,
Ione, shall chant fragments of sea-music,
Until I weep, when ye shall smile away
The tears she brought, which yet were sweet to shed;
We will entangle buds and flowers, and beams
Which twinkle on the fountain's brim, and make
Strange combinations out of common things,
Like human babes in their brief innocence;
And we will search, with looks and words of love,
For hidden thoughts, each lovelier than the last,
Our unexhausted spirits, and like lutes
Touched by the skill of the enamoured wind,
Weave harmonies divine, yet ever new,
From difference sweet where discord cannot be.
And hither come, sped on the charmed winds,
Which meet from all the points of Heaven, as bees
From every flower aerial Enna feeds,
At their known island-homes in Himera,
The echoes of the human world, which tell
Of the low voice of love, almost unheard,

ATTO TERZO

se ninfe sorelle, che passaste lunghi anni di dolore, dolci ora a ricordarli, in virtú del vostro amore e dei vostri pensieri; d'or innanzi non ci separeremo piú. Esiste una grotta, tutta piena di piante odorose, pendule, che nascondono il giorno con foglie e fiori e pavimentata di smeraldo venato. In mezzo con un vivo mormorio zampilla una fontana. Dalla sua volta ricurva, le lacrime gelate dei macigni pendono come neve o argento lunghe guglie di diamante e piovono una luce incerta. Là s'ode l'aria sempre spirante, che bisbiglia fuori da albero a albero e gli uccelli, le api: tutt'intorno vi son sedili muschiosi e le pareti scabre son tappezzate di lunga erba soffice. È una dimora semplice, che sarà nostra. Noi vi siederemo e parleremo del tempo e del mutamento, come il mondo rifluisca e fluisca, lasciandoci immutati. Cosa può sottrarre l'uomo alla trasformazione? E se voi sospirerete, io sorriderò: tu, Ione, canterai frammenti di musica marina, finché io pianga, quando voi sorriderete alle lacrime, dolci pure a spargere, ch'essa spreme. Intrecceremo germogli, fiori e raggi che scintillano sul colmo della fonte e troveremo nuove combinazioni alle cose comuni, come bambini umani nella loro breve innocenza. Frugheremo i nostri spiriti inesausti, con sguardi e parole d'amore, in cerca di pensieri nascosti, l'uno piú bello dell'altro; e, come liuti scossi dalla maestria del vento innamorato, tesseremo armonie divine, eppure mai nuove, con una differenza soave dove non vi può essere discordanza. Gli echi del mondo umano giungono qui, veloci, sui venti incantati, che s'incontrano da tutti i punti del cielo come le api, nutrite dall'Enna altissimo, s'incontrano da ciascun fiore alle loro case isolane sull'Imera. Essi parlano dalla voce profonda, quasi inascolta-

And dove-eyed pity's murmured pain and music,
Itself the echo of the heart, and all
That tempers or improves man's life, now free.
And lovely apparitions dim at first,
50 Then radiant – as the mind, arising bright
From the embrace of beauty (whence the forms
Of which these are the phantoms) casts on them
The gathered rays which are reality –
Shall visit us, the progeny immortal
55 Of Painting, Sculpture, and rapt Poesy,
And arts, though unimagined, yet to be.
The wandering voices and the shadows these
Of all that man becomes, the mediators
Of that best worship, love, by him and us
60 Given and returned, swift shapes and sounds which grow
More fair and soft as man grows wise and kind,
And veil by veil evil and error fall...
Such virtue has the cave and place around.
(*Turning to the Spirit of the Hour*).
For thee, fair Spirit, one toil remains. Ione,
65 Give her that curved shell, which Proteus old,
Made Asia's nuptial boon, breathing within it
A voice to be accomplished, and which thou
Didst hide in grass under the hollow rock.

IONE

Thou most desired Hour, more loved and lovely
70 Than all thy sisters, this is the mystic shell;
See the pale azure fading into silver,
Lining it with a soft yet glowing light.
Looks it not like lulled music sleeping there?

SPIRIT

It seems in truth the fairest shell of Ocean:
75 Its sound must be at once both sweet and strange.

PROMETHEUS

Go, borne over the cities of mankind
On whirlwind-footed coursers! once again
Outspeed the sun around the orbed world;
And as thy chariot cleaves the kindling air,

ta, dell'amore; delle sofferenza, bisbigliate appena, della pietà dagli occhi di colomba; della musica, l'eco stessa del cuore; di tutto ciò che mitiga o migliora la vita dell'uomo, ora libero. E ci visiteranno graziose apparizioni vaghe dapprima poi radiose – poiché la mente sorgendo splendida dall'abbraccio della bellezza (donde le forme, di cui queste sono i fantasmi) getta su di esse il fascio di raggi raccolti che sono realtà –. Esse sono la progenie immortale della Pittura, della Scultura, della Poesia estasiata e delle arti che saranno, sebbene mai ancora immaginate. Sono le voci vaganti e le ombre di tutto ciò che diviene l'uomo, i mezzi di quell'adorazione altissima, ch'è l'amore, dati e ritornati, da lui e da noi: forme leggere e suoni che si fanno, piú belle e piú dolci quanto piú l'uomo si fa saggio e gentile e, a velo a velo, cadono il male e l'errore. Tale è la virtú della grotta e dei dintorni. (*Volgendo allo Spirito dell'Ora*) A te, bello Spirito, resta una fatica. Ione, dalle quella conchiglia ricurva che il vecchio Proteo regalò, come dono nuziale, ad Asia, spirandovi dentro una voce che si deve compire. La nascondesti nell'erba sotto la rupe cava.

IONE
Ora, tu che sei la piú desiderata, la piú amata e la piú bella di tutte le tue sorelle, eccoti la conchiglia mistica. Guarda l'azzurro pallido che si perde nell'argento, incrostandolo d'una luce tenera madreperlacea! Non sembra musica, addormentatavi cullandola?

SPIRITO
In verità, pare la piú bella conchiglia dell'Oceano; il suo suono dev'essere insieme dolce e inaudito.

PROMETEO
Va, portato sulle città degli uomini dai cavalli veloci come i turbini: una volta ancora lasciati indietro il sole attorno alla sfera del mondo; e mentre il tuo cocchio fende l'aria, che s'infiamma, soffia nella conchiglia dalle

ACT III

80 Thou breathe into the many-folded Shell,
Loosening its mighty music; it shall be
As thunder mingled with clear echoes. – Then
Return and thou shalt dwell beside our cave.
(*Kissing the ground*).
And thou, O Mother Earth! –

THE EARTH   I hear – I feel –
85 Thy lips are on me, and their touch runs down
Even to the adamantine central gloom
Along these marble nerves – 'tis life, 'tis joy,
And through my withered, old and icy frame
The warmth of an immortal youth shoots down
90 Circling. – Henceforth the many children fair
Folded in my sustaining arms – all plants,
And creeping forms, and insects rainbow-winged,
And birds, and beasts, and fish, and human shapes,
Which drew disease and pain from my wan bosom,
95 Draining the poison of despair – shall take
And interchange sweet nutriment; to me
Shall they become like sister-antelopes
By one fair dam, snowwhite and swift as wind,
Nursed among lilies near a brimming stream;
100 The dewmists of my sunless sleep shall float
Under the stars like balm; night-folded flowers
Shall suck unwithering hues in their repose;
And men and beasts in happy dreams shall gather
Strength for the coming day, and all its joy:
105 And death shall be the last embrace of her
Who takes the life she gave, even as a mother,
Folding her child, says, "Leave me not again!"

ASIA

O mother! wherefore speak the name of death?
Cease they to love, and move, and breathe, and speak
110 Who die?

THE EARTH   It would avail not to reply:
Thou art immortal and this tongue is known
But to the uncommunicating dead. –
Death is the veil which those who live call life:
They sleep – and it is lifted... and meanwhile

molte volute, liberandone la sua musica potente; essa sarà come un tuono unito ad echi limpidi. Ritorna poi e abiterai presso la nostra caverna.
O Madre Terra!

TERRA
Odo, sento; le tue labbra son su di me e il loro contatto preme giú, lungo questi nervi di marmo fino al buio adamantino centrale: è vita, è gioia e per il mio corpo, aggrinzato antico agghiacciato, fermenta, circolando, il calore d'una giovinezza immortale. D'or' innanzi i molti bei figli sostenuti dalle mie braccia; tutte le piante, i corpi striscianti, gli insetti dall'ali iridate, gli uccelli, le belve, i pesci e i corpi umani, che tutti ricevevano disagi e sofferenze dal mio petto smunto, bevendo il veleno della disperazione, avranno, e scambieranno tra di loro, un buon nutrimento. Essi diverranno per me simili ad antilopi sorelle, nutrite, presso un corso d'acqua colmo tra gigli, dalla loro bella madre, bianca come neve e veloce come il vento.
I vapori della rugiada, quando dormirò al buio, fluttueranno, come un balsamo, sotto le stelle. I fiori, reclinati nella notte, assorbiranno, durante il riposo, colori indelibili. Gli uomini e gli animali acquisteranno, in sogni felici, forza per il giorno venturo e per tutta la sua gioia. La morte, infine, sarà l'ultimo abbraccio di colei che si riprende la vita donata, come una madre che abbracciando il figlio, gli dice «Non lasciarmi piu.»

ASIA
O Madre! Perché pronunzi il nome di morte? Cessa d'amare di muoversi di respirare di parlare, chi muore?

TERRA
Sarebbe inutile rispondere. Tu sei immortale e questo linguaggio lo conoscono solo i morti che non possono comunicare. Morte è il velo che i viventi chiamano vita: essi dormono e questo velo vien sollevato. Intanto, nella

ACT III

115 In mild variety the seasons mild
With rainbow-skirted showers, and odorous winds,
And long blue meteors cleansing the dull night,
And the life-kindling shafts of the keen Sun's
All-piercing bow, and the dew-mingled rain
120 Of the calm moonbeams, a soft influence mild,
Shall clothe the forests and the fields – aye, even
The crag-built desarts of the barren deep –
With ever-living leaves and fruits and flowers.
And Thou! There is a Cavern where my spirit
125 Was panted forth in anguish whilst thy pain
Made my heart mad, and those who did inhale it
Became mad too, and built a Temple there,
And spoke, and were oracular, and lured
The erring nations round to mutual war,
130 And faithless faith, such as Jove kept with thee;
Which breath now rises, as among tall weeds
A violet's exhalation, and it fills
With a serener light and crimson air
Intense, yet soft, the rocks and woods around;
135 It feeds the quick growth of the serpent vine,
And the dark linked ivy tangling wild,
And budding, blown, or odour-faded blooms
Which star the winds with points of coloured light,
As they rain through them, and bright, golden globes
140 Of fruit, suspended in their own green heaven;
And, through their veined leaves and amber stems,
The flowers whose purple and translucid bowls
Stand ever mantling with aerial dew,
The drink of spirits; and it circles round,
145 Like the soft waving wings of noonday dreams,
Inspiring calm and happy thoughts, like mine,
Now thou art thus restored... This Cave is thine.
Arise! Appear!
(*A Spirit rises in the likeness of a winged child*).
                    This is my torch-bearer,
Who let his lamp out in old time, with gazing
150 On eyes from which he kindled it anew
With love, which is as fire, sweet Daughter mine,

dolce varietà di miti stagioni, con piogge orlate d'arcobaleni e venti odorati, con lunghe meteore azzurre purificanti la notte scura, colle saette vitali e sottili dell'arco solare che trapassa tutto, e colla pioggia mischiata a rugiada dei tranquilli raggi lunari, un'influenza lene, soave rivestirà le foreste, i prati, e persino i deserti rocciosi dello sterile mare, di foglie sempervive e frutti e fiori. O ascolta! Esiste una grotta dove il mio spirito ansava dall'angoscia: quando le tue sofferenze mi facevano impazzire il cuore. Quelli che vi respirarono impazzirono pure. Vi costruirono allora un tempio, parlarono, divennero oracoli e adescarono i popoli erranti intorno a guerre scambievoli, a spergiuri, come Giove fece con te. L'alito del mio spirito esala ora, come di tra folte erbacce, il profumo d'una violetta, e riempie d'una luce piú serena e d'aria vermiglia, intensa, sebben morbida, le rupi e i boschi intorno. Egli nutre la rapida vegetazione della pianta rampicante tutta ritorta; l'edera scura, intricata, che si ravvolge incolta; i fiori germoglianti, sbocciati, senza piú profumo, che costellano i venti di punti colorati, mentre questi li attraversano rapidi. Nutre frutti tondi dorati fiammanti, sospesi al loro cielo verde, e attraverso le loro foglie venate e i loro steli d'ambra, i fiori dalle tazzine porpuree e traslucide sempre colme di rugiada aerea, la bevanda degli spiriti. Egli s'aggira intorno, come le ali molli, fluttuanti dei sogni meridiani, ispirando calma e pensieri felici, simili ai miei ora che tu sei ristabilito. Questa grotta è tua. Sorgi! Appari! (*Uno Spirito sorge sotto forma d'un bimbo alato*) Questo è il mio portatore di fiaccola, che anticamente affittava la sua lampada guardando in occhi da cui l'accendeva di nuovo coll'amore che è come fuoco, mia dolce sorella, poiché tale è ciò che tu hai nel cuore.

Corri, ostinatello, e guida costoro oltre la vetta del Nisa di Bacco, il monte frequentato dalle Menadi, guidali oltre l'Indo e i suoi affluenti passando sui fiumi impetuosi e sui laghi limpidi, con piedi asciutti, indefessi, frettolosi e sul burrone verdeggiante, attraverso la valle, accanto allo stagno tranquillo e cristallino, dove si riflette sempre indelebile sulle onde, l'immagine d'un tempio costruito sulla riva. È distinto con colonna, arco, architrave, capitello, simile a una palma, scolpito e ricco di figure viventi, forme degne di Prassitele dai sorrisi marmorei che riempiono d'amore eterno l'atmosfera silenziosa.
Esso è deserto ora, ma un tempo, portò il tuo nome, Prometeo. Là, i giovani emuli portavano, in tuo onore, attraverso il buio divino, la lampada ch'era il tuo emblema; simili a quelli che, attraverso la notte della vita, si portavano fin nella tomba la torcia, mai ceduta, della speranza, come l'hai portata tu, trionfalmente, a questa lontana meta del Tempo. Andate, addio. Accanto al Tempio c'è la grotta indicata.

SCENA IV

Foresta. In fondo, una caverna. Prometeo Asia Pantea Ione e lo Spirito della Terra –

IONE
Sorella, quello non è un essere terrestre: guarda come scivola sotto le foglie! che luce arde sul suo capo, simile a una stella verde, dai raggi smeraldini intrecciati ai ca-

ACT III

For such is that within thine own. – Run, Wayward!
And guide this company beyond the peak
Of Bacchic Nysa, Mænad-haunted mountain,
155 And beyond Indus and its tribute rivers,
Trampling the torrent streams and glassy lakes
With feet unwet, unwearied, undelaying;
And up the green ravine, across the vale,
Beside the windless and crystalline pool
160 Where ever lies, on unerasing waves,
The image of a temple, built above,
Distinct with column, arch, and architrave,
And palm-like capital, and overwrought,
And populous most with living imagery –
165 Praxitelean shapes, whose marble smiles
Fill the hushed air with everlasting love.
It is deserted now, but once it bore
Thy name, Prometheus; there the emulous youths
Bore to thine honour through the divine gloom
170 The lamp, which was thine emblem... even as those
Who bear the untransmitted torch of hope
Into the grave across the night of life...
As thou hast borne it most triumphantly
To this far goal of Time... Depart, farewell.
175 Beside that Temple is the destined Cave...

SCENE IV

A Forest. In the Background a Cave. Prometheus, Asia,
Panthea, Ione, and the Spirit of the Earth.

IONE

Sister, it is not Earthly... how it glides
Under the leaves! how on its head there burns
A light like a green star, whose emerald beams
Are twined with its fair hair! how, as it moves,

ACT III

5 The splendour drops in flakes upon the grass!
Knowest thou it?

PANTHEA   It is the delicate spirit
That guides the earth through Heaven. From afar
The populous constellations call that light
The loveliest of the planets, and sometimes
10 It floats along the spray of the salt sea,
Or makes its chariot of a foggy cloud,
Or walks through fields or cities while men sleep,
Or o'er the mountain tops, or down the rivers,
Or through the green waste wilderness, as now,
15 Wondering at all it sees. Before Jove reigned
It loved our sister Asia, and it came
Each leisure hour to drink the liquid light
Out of her eyes, for which it said it thirsted
As one bit by a dipsas; and with her
20 It made its childish confidence, and told her
All it had known or seen, for it saw much,
Yet idly reasoned what it saw; and called her –
For whence it sprung it knew not nor do I –
"Mother, dear Mother."

SPIRIT OF THE EARTH (*running to Asia*)
  Mother, dearest Mother;
25 May I then talk with thee as I was wont?
May I then hide mine eyes in thy soft arms,
After thy looks have made them tired of joy?
May I then play beside thee the long noons,
When work is none in the bright silent air?

ASIA

30 I love thee, gentlest being, and henceforth
Can cherish thee unenvied. – Speak, I pray:
Thy simple talk once solaced, now delights.

SPIRIT OF THE EARTH

Mother, I am grown wiser, though a child
Cannot be wise like thee, within this day;
35 And happier too, happier and wiser both.
Thou knowest that toads, and snakes, and loathly worms,
And venomous and malicious beasts, and boughs
That bore ill berries in the woods, were ever

pelli biondi! E mentre si muove, come cade a faville sull'erba lo splendore! Lo conosci?

PANTEA
È lo spirito leggero che guida la terra per il cielo e da lungi le costellazioni popolose chiamano quella luce il piú bello dei pianeti. Talvolta egli va lungo gli spruzzi del mare salso, e fa suo cocchio d'una nube nebbiosa: cammina per campi o città mentre gli uomini dormono o sulle vette dei monti o giú, sui fiumi o per le solitudini verdi e incolte – come ora, meravigliandosi a tutto ciò che vede. Prima che regnasse Giove, egli amava nostra sorella Asia, e veniva tutte le sue ore oziose a bere la luce carezzevole dei suoi occhi, di cui diceva di essere assetato come chi vien morso da una dipsa. Faceva a lei le sue confidenze fanciullesche, le raccontava tutto ciò che aveva saputo o visto, poiché vedeva molte cose. Discorreva poi indolentemente di queste cose e, siccome non sapeva donde era nato, e neppur io lo so, chiamava Asia «Mamma, mamma cara».

SPIRITO DELLA TERRA (*correndo ad Asia*)
Mamma carissima mamma; posso dunque discorrere con te come solevo, nascondere nelle tue braccia tenere i miei occhi, stancati di gioia dai tuoi sguardi?
Posso scherzarti accanto durante i lunghi pomeriggi, quando non c'è un moto nell'aria lucida, silenziosa?

ASIA
Io ti amo, bella creatura, e d'or innanzi posso farlo con tutta la mia tenerezza, senza muovere invidia: parla, ti prego: la tua parola ingenua un tempo mi confortava, ora mi delizia.

SPIRITO DELLA TERRA
Madre, oggi sono divenuto piú saggio, quantunque un fanciullo non possa esser saggio come te; ed anche piú felice; piú saggio e piú felice, insieme.
Tu sai che quei rospi, quei serpenti e vermi schifosi, quegli animali velenosi e maligni, e quei rami che producevano nei boschi bacche malifiche furono sempre un

An hindrance to my walks o'er the green world,
40 And that, among the haunts of humankind,
Hard-featured men, or with proud, angry looks,
Or cold, staid gait, or false and hollow smiles,
Or the dull sneer of self-loved ignorance,
Or other such foul masks, with which ill thoughts
45 Hide that fair being whom we spirits call man;
And women too, ugliest of all things evil,
Though fair, even in a world where thou art fair,
When good and kind, free and sincere like thee,
When false or frowning made me sick at heart
50 To pass them, though they slept, and I unseen.
Well – my path lately lay through a great City
Into the woody hills surrounding it.
A sentinel was sleeping at the gate:
When there was heard a sound, so loud, it shook
55 The towers amid the moonlight, yet more sweet
Than any voice but thine, sweetest of all,
A long long sound, as it would never end:
And all the inhabitants leapt suddenly
Out of their rest, and gathered in the streets,
60 Looking in wonder up to Heaven, while yet
The music pealed along. I hid myself
Within a fountain in the public square,
Where I lay like the reflex of the moon
Seen in a wave under green leaves – and soon
65 Those ugly human shapes and visages
Of which I spoke as having wrought me pain,
Past floating through the air, and fading still
Into the winds that scattered them; and those
From whom they past seemed mild and lovely forms
70 After some foul disguise had fallen – and all
Were somewhat changed, and after brief surprise
And greetings of delighted wonder, all
Went to their sleep again: and when the dawn
Came – wouldst thou think that toads, and snakes, and efts,
75 Could e'er be beautiful? – yet so they were,
And that with little change of shape or hue:

ostacolo alle mie passeggiate sul mondo verdeggiante. Sai che tra i soggiorni dell'Umanità, gli uomini dai lineamenti duri, dagli sguardi alteri, irosi, dal portamento freddo, grave, dai sorrisi falsi e vuoti, dal sogghigno stupido dell'ignoranza amata a sé stessi e da altre indegne maschere consimili, che coi cattivi pensieri nascondono quel bell'essere che noi spiriti chiamiamo uomo, mi nauseavano il cuore a avvicinarli passando, anche se essi dormivano non mi vedevano. E cosí pure mi facevano le donne false ed arcigne, le piú laide di tutte le cose cattive, (quantunque quand'erano buone e gentili, libere e sincere come te esse fossero belle nel mondo dove tu sei bella).

Ebbene, poco fa passeggiavo per una gran città nelle colline boscose circostanti. Una sentinella dormiva alla porta, quando s'udí un suono tanto forte che scosse le torri sotto il lume lunare, eppure era piú dolce d'ogni altra voce eccetto la tua, ch'è la piú dolce di tutte.

Un suono lungo, lungo come se non avesse mai fine, e tutti i cittadini sorsero di botto dal sonno, si raccolsero per le strade, guardando meravigliati al Cielo, mentre il suono rimbombava ancora lontano. Io mi nascosi dentro una fontana sulla piazza publica, dove giacqui come il riflesso della luna visto in un'onda sotto foglie verdi. Subito queste brutte figure umane e queste facce, di cui parlavo come se mi avessero fatto del male, passarono fluttuando per l'aria e dileguando quetamente nei venti che li disperdevano. E gli uomini passando parevano forme miti e graziose dopo la caduta d'uno sconcio travestimento: tutti erano un po' mutati e dopo una breve sorpresa, dopo i complimenti per la lieta meraviglia, tornarono a dormire. Crederesti che quando sorse l'alba, i rospi, i serpenti, le tarantole potessero essere belle? Eppure erano cosí e ciò con lievi mutamenti di forma e colore.

All things had put their evil nature off.
I cannot tell my joy, when o'er a lake,
Upon a drooping bough with nightshade twined,
80 I saw two azure halcyons clinging downward
And thinning one bright bunch of amber berries
With quick, long beaks, and in the deep there lay
Those lovely forms imaged as in a sky. –
So with my thoughts full of these happy changes,
85 We meet again, the happiest change of all.
ASIA
And never will we part, till thy chaste Sister
Who guides the frozen and inconstant moon
Will look on thy more warm and equal light
Till her heart thaw like flakes of April snow
90 And love thee.
SPIRIT OF THE EARTH
              What, as Asia loves Prometheus?
ASIA
Peace, Wanton – thou art yet not old enough.
Think ye, by gazing on each other's eyes
To multiply your lovely selves, and fill
With sphered fires the interlunar air?
SPIRIT OF THE EARTH
95 Nay, Mother, while my sister trims her lamp
'Tis hard I should go darkling –
ASIA   – Listen! look!

The Spirit of the Hour enters.

PROMETHEUS
We feel what thou hast heard and seen – yet speak.
SPIRIT OF THE HOUR
Soon as the sound had ceased whose thunder filled
The abysses of the sky, and the wide earth,
100 There was a change... the impalpable thin air
And the all-circling sunlight were transformed
As if the sense of love dissolved in them
Had folded itself round the sphered world.
My vision then grew clear, and I could see

ATTO TERZO

Tutti si erano liberati della loro natura cattiva: io non so ridire la gioia che provai quando su un lago *sopra* un ramo ricurvo intrecciato di morella, vidi due alcioni cerulei che s'appollaiavono chini e coi lunghi becchi rapidi diradavano un grappolo, lucente di bacche ambrate mentre sul fondo le loro amabili figure giacevano riflesse come in un cielo. Cosí col cervello pieno di queste mutazioni felici, noi c'incontriamo ancora, la mutazione piú felice di tutte.

ASIA

E non ci separeremo piú, finché la tua casta sorella che guida la luna gelida e incostante avrà contemplato tanto la tua luce piú calda e regolare che il suo cuore si struggerà come fiocchi di neve d'Aprile ti amerà.

SPIRITO DELLA TERRA

Che? Come Asia ama Prometeo.

ASIA

Sta quieto, pazzarello, non sei ancora abbastanza alto. Credete guardandovi l'un l'altro di moltiplicare – le vostre belle nature e di riempire di luce sferica gli spazi interlunari?

SPIRITO DELLA TERRA

Anzi, mamma, quando mia sorella accende la sua lampada mi sarebbe difficile di andare oscuro!

ASIA

Ascolta; guarda!

(Entra lo Spirito dell'Ora)

PROMETEO

Noi presentiamo ciò che tu hai udito e visto: pure parla.

SPIRITO DELL'ORA

Appena fu cessato il suono, che col rombo riempí gli abissi del cielo e la terra vasta, avvenne un mutamento: l'atmosfera impalpabile e rara e la luce solare che circonda tutto si trasformarono, come se il senso dell'amore, dissolto in esse, si fosse ravvolto intorno alla sfera del mondo. La mia visione, allora, divenne piú chiara e

105 Into the mysteries of the Universe.
Dizzy as with delight I floated down,
Winnowing the lightsome air with languid plumes,
My coursers sought their birthplace in the sun,
Where they henceforth will live exempt from toil,
110 Pasturing flowers of vegetable fire –
And where my moonlike car will stand within
A temple, gazed upon by Phidian forms,
Of thee, and Asia and the Earth, and me,
And you fair nymphs, looking the love we feel,
115 In memory of the tidings it has borne,
Beneath a dome fretted with graven flowers,
Poised on twelve columns of resplendent stone,
And open to the bright and liquid sky.
Yoked to it by an amphisbænic snake
120 The likeness of those winged steeds will mock
The flight from which they find repose. – Alas,
Whither has wandered now my partial tongue
When all remains untold which ye would hear! –
As I have said, I floated to the Earth:
125 It was, as it is still, the pain of bliss
To move, to breathe, to be; I wandering went
Among the haunts and dwellings of mankind,
And first was disappointed not to see
Such mighty change as I had felt within
130 Expressed in outward things; but soon I looked,
And behold! thrones were kingless, and men walked
One with the other even as spirits do,
None fawned, none trampled; hate, disdain, or fear,
Self-love or self-contempt, on human brows
135 No more inscribed, as o'er the gate of hell,
"All hope abandon, ye who enter here";
None frowned, none trembled, none with eager fear
Gazed on another's eye of cold command,
Until the subject of a tyrant's will
140 Became, worse fate, the abject of his own,
Which spurred him, like an outspent horse, to death.
None wrought his lips in truth-entangling lines
Which smiled the lie his tongue disdained to speak;

potei scorgere nei misteri dell'universo. Scendevo giú come con delizia, vertiginosamente, ventilante l'aria serena con ali languide. I miei cavalli cercavano nel sole il loro luogo natale, dove vivranno d'or innanzi esenti da travagli, pascendo fiori rossi, come di fuoco: là il mio cocchio, simile alla luna, poserà, in memoria delle notizie portate, dentro un tempio guardato da statue Fidiache che rappresenteranno te, Asia, la Terra, me e voi, belle ninfe, tutti intenti all'amore che sentiamo.
Sarà sotto una cupola tempestata di fiori scolpiti, retta da dodici colonne di pietra lucida e aperta al cielo lucente e limpido. E, aggiogatevi un serpente amfesibene, le sembianze di quei corsieri alati, imiteranno il volo in cui trovano riposo.
Ohimè, dove se n'è vagata ora, la mia lingua egoista quando resta da narrare ancor tutto ciò che voi volevate udire? Com'ho detto, ondeggiavo sulla terra: ciò che amareggiava la felicità era, ed è ancora, muoversi, respirare, esistere. Vagando giunsi tra i ricoveri e le abitazioni dell'umanità e dapprima fui deluso a non scorgere, espresso nelle cose esteriori, il gran mutamento che avevo sentito in cuore. Ma appena guardai, ed ecco! I troni erano vuoti e gli uomini andavano l'uno coll'altro, come fanno gli spiriti: nessuno adulava piú e nessuno calpestava; sulle fronti umane non stava piú inciso odio, sdegno, paura, egoismo o disprezzo di sé, come sulla porta dell'Inferno sta scritto «Lasciate ogni speranza voi che entrate». Nessuno che guardasse in cagnesco o tremasse, nessuno che tutto intimorito, pendesse dagli occhi d'un altro, atteggiati a freddo comando, fino a divenire da schiavo alla volontà d'un tiranno, abietto alla propria, sorte ben peggiore, che l'avrebbe spronato a morte come un cavallo stanco. Nessuno piú atteggiava le labbra in modo da nascondere la verità, sorridendo la men-

ACT III

None with firm sneer trod out in his own heart
145 The sparks of love and hope, till there remained
Those bitter ashes, a soul self-consumed,
And the wretch crept, a vampire among men,
Infecting all with his own hideous ill.
None talked that common, false, cold, hollow talk
150 Which makes the heart deny the *yes* it breathes,
Yet question that unmeant hypocrisy
With such a self-mistrust as has no name.
And women, too, frank, beautiful and kind
As the free Heaven which rains fresh light and dew
155 On the wide earth, past: gentle, radiant forms,
From custom's evil taint exempt and pure;
Speaking the wisdom once they could not think,
Looking emotions once they feared to feel,
And changed to all which once they dared not be,
160 Yet being now, made Earth like Heaven – nor pride
Nor jealousy nor envy nor ill shame,
The bitterest of those drops of treasured gall,
Spoilt the sweet taste of the nepenthe, love.

Thrones, altars, judgement-seats and prisons; wherein,
165 And beside which, by wretched men were borne
Sceptres, tiaras, swords and chains, and tomes
Of reasoned wrong, glozed on by ignorance,
Were like those monstrous and barbaric shapes,
The ghosts of a no more remembered fame,
170 Which from their unworn obelisks look forth
In triumph o'er the palaces and tombs
Of those who were their conquerors, mouldering round.
Those imaged to the pride of Kings and Priests
A dark yet mighty faith, a power as wide
175 As is the world it wasted, and are now
But an astonishment; even so the tools
And emblems of its last captivity,
Amid the dwellings of the peopled Earth,
Stand, not o'erthrown, but unregarded now.
180 And those foul shapes, abhorred by God and man –
Which, under many a name and many a form

zogna che la sua lingua sdegnava pronunziare; nessuno piú, con un fermo sogghigno, calpestava nel proprio cuore le faville dell'amore e della speranza riducendole quelle ceneri amare, uno spirito consumato in sé stesso, e il malvagio non strisciava piú tra gli uomini come un vampiro, infettando tutti del suo male orribile. Nessuno parlava piú quel linguaggio comune, falso, freddo, vuoto che fa negare al cuore il sí pronunziato e insieme fa chiedersi ragione di quella ipocrisia non voluta con una tale sfiducia di sé che non ha nome. Ed anche le donne passavano libere, belle e gentili come il cielo aperto che piove sulla terra vasta freschi raggi e rugiada: gentili forme radiose, esenti e pure dalla mala macchia dell'abitudine. E discorrevano della saggezza che un tempo non potevano possedere, mostrando negli occhi emozioni che un tempo temevano di provare, trasformate ora, che la terra è come il cielo in tutto ciò che un tempo non osavano di essere. Non esisteva piú l'orgoglio, la gelosia, l'invidia, né la vergogna indegna, la piú amara di quelle gocce di bile tesoreggiata, corrotto il gusto dolce del nepente, l'amore.

Troni, altari, seggi di giudici e prigioni – nei quali e accanto ai quali da miserabili venivano portati scettri, tiare, spade, catene e volumi di torto ragionato, commentato dall'ignoranza – erano come quei monumenti mostruosi e barbarici i fantasmi di una gloria dimenticata, che dai loro obelischi intatti guardano in trionfo sui palazzi e sulle tombe di quelli che furono i loro conquistatori e si dissolvono ora d'intorno. Questi monumenti rappresentavano all'orgoglio dei re e dei sacerdoti una fedeltà oscura, ma devotissima, una potenza grande come il mondo che essi devastavano e son ora soltanto un mezzo di stupore. E tra le case della terra abitata restano ancora non rovesciati ma negletti gli ordigni e gli emblemi della sua ul-tima prigionia.

E quelle figure immonde, detestate da Dio e dall'uomo – che, sotto molte forme strane selvagge spaventevoli fosche ed esacrabili, erano Giove, il tiranno del mondo; e che i popoli terrorizzati soddisfacevano con

    Strange, savage, ghastly, dark and execrable,
    Were Jupiter, the tyrant of the world;
    And which the nations panic-stricken served
185 With blood, and hearts broken by long hope, and love
    Dragged to his altars soiled and garlandless
    And slain amid men's unreclaiming tears,
    Flattering the thing they feared, which fear was hate –
    Frown, mouldering fast, o'er their abandoned shrines.
190 The painted veil, by those who were, called life,
    Which mimicked, as with colours idly spread,
    All men believed and hoped, is torn aside –
    The loathsome mask has fallen, the man remains
    Sceptreless, free, uncircumscribed – but man:
195 Equal, unclassed, tribeless and nationless,
    Exempt from awe, worship, degree, – the King
    Over himself, just, gentle, wise – but man:
    Passionless? no – yet free from guilt or pain,
    Which were, for his will made, or suffered them,
200 Nor yet exempt, though ruling them like slaves,
    From chance and death and mutability,
    The clogs of that which else might oversoar
    The loftiest star of unascended Heaven,
    Pinnacled dim in the intense inane.

END OF THE THIRD ACT

sangue, con cuori infranti dalla lunga speranza e con amore strascinato agli altari profanato, senza una corona e ucciso tra le lacrime inerti degli uomini che adulavano l'essere temuto mentre il loro timore era odio – ritornando in polvere guardano in cagnesco i loro templi abbandonati: Il velo imbellettato, da quei, che furono, chiamato vita, che imitava, come con colori mal distribuiti tutte le credenze e le speranze umane, è squarciato via: è caduta la maschera nauseante, l'uomo resta senza scettri, libero, incirconscritto, soltanto uomo: uguale senza classi, tribú o nazioni, esente da rispetti, culti, gradi, re di se stesso; giusto, gentile, saggio: – ma senza passioni?

No, sebbene libero da colpevolezza o dolore, che esistevano perché la sua volontà li creava o li soffriva, non è ancora esente dal caso, dalla morte e dalla mutabilità, quantunque li regoli come schiavi.

E queste sono le pastoie di chi altrimenti sorvolerebbe la stella piú alta del cielo inasceso, pinnacled dim in the intense inane[7].

---

[7] Che spicca debole nel vano intenso (trad. Faccioli).

ACT IV

Scene: A Part of the Forest near the Cave of Prometheus. Panthea and Ione are sleeping: they awaken gradually during the first Song.

VOICE OF UNSEEN SPIRITS
        The pale Stars are gone, –
        For the Sun, their swift Shepherd,
        To their folds them compelling,
        In the depths of the Dawn,
5 Hastes, in meteor-eclipsing array, and they flee
        Beyond his blue dwelling,
        As fawns flee the leopard...
           But where are ye?
(*A Train of dark Forms and Shadows passes by confusedly, singing*).
        Here, oh here!
10   We bear the bier
Of the Father of many a cancelled year!
        Spectres we
        Of the dead Hours be,
We bear Time to his tomb in eternity.

15   Strew, oh strew
        Hair, not yew!
Wet the dusty pall with tears, not dew!
        Be the faded flowers
        Of Death's bare bowers
20 Spread on the corpse of the King of Hours!

        Haste, oh haste!
        As shades are chased
Trembling, by Day, from Heaven's blue waste,
        We melt away,

ATTO QUARTO

Scena – Una parte della Foresta presso la Grotta di Prometeo. Pantea e Ione dormono. Si risvegliano a poco a poco durante il primo Canto.

VOCE DI SPIRITI INVISIBILI
Le stelle pallide son sparite! Poiché il sole, loro veloce pastore, spingendole agli ovili dalle profondità dell'alba, vola col suo fulgore che eclissa le meteore ed esse fuggono oltre la sua dimora azzurra, come il cerbiatto fugge il leopardo. Ma voi dove siete?
(*Una teoria di Forme scure e di Ombre passa vicino confusamente, cantando*).
Qui, oh, qui: noi portiamo la bara del Padre di tanti anni cancellati! Siamo gli spettri delle Ore morte, portiamo il tempo alla sua tomba nell'eternità. Spargete, oh, spargete chiome non tasso! Bagnate il sudario polveroso con lacrime non con rugiada! Si spargano fiori appassiti delle pergole diradate della Morte sul cadavere del Re delle Ore!

Affrettatevi, oh, affrettatevi! Mentre le ombre trementi sono inseguite dal giorno per l'azzurro immenso del cielo. Noi dileguiamo come spuma che si dissolve innan-

          25   Like dissolving spray,
From the children of a diviner day,
                 With the lullaby
                 Of winds that die
On the bosom of their own harmony!

IONE
30   What dark forms were they?
PANTHEA   The past Hours weak and grey
                 With the spoil, which their toil
                     Raked together
               From the conquest but One could foil.

IONE
35   Have they past?
PANTHEA   They have past;
              They outspeeded the blast;
              While 'tis said, they are fled –
IONE   Whither, oh whither?
PANTHEA   To the dark, to the past, to the dead.

VOICE OF UNSEEN SPIRITS
40   Bright clouds float in Heaven,
              Dew-stars gleam on Earth,
              Waves assemble on Ocean,
              They are gathered and driven
By the Storm of delight, by the panic of glee!
45   They shake with emotion –
              They dance in their mirth –
                But where are ye?

              The pine boughs are singing
              Old songs with new gladness,
50   The billows and fountains
              Fresh music are flinging,
Like the notes of a spirit from land and from sea;
              The storms mock the mountains
              With the thunder of gladness.
55   But where are ye?

IONE
  What charioteers are these?
PANTHEA   Where are their chariots?

zi ai fanciulli di un giorno piú divino, ninnanti dai venti
che muoiono sul seno della propria armonia!

IONE
Che erano quelle forme scure?

PANTEA
Le Ore passate deboli e grige con la preda ammassata
dalle loro fatiche togliendola alla conquista che Uno Solo poteva riconquistare.

IONE
Sono passate?

PANTEA
Sono passate; han superato in velocità la raffica, mentre
si è detto, sono scomparse:

IONE
Dove, oh, dove?

PANTEA
Nell'oscurità, nel passato, nella morte.

VOCE DI SPIRITI INVISIBILI
Nuvole splendide vanno pe'l Cielo, sull'erba brillano
stelluccie di rugiada, e per l'oceano s'accumulano flutti,
gonfiati e cacciati dalla tempesta della letizia e dal delirio della gioia! Tremano dalla commozione e danzano
nel loro giubilo. Ma voi dove siete?

I rami dei pini cantano antiche canzoni con una nuova
contentezza, l'onde e le fonti mandano una musica fre-
sca come il canto di uno spirito dalla terra e dal mare; la
burrasca burla le montagne al fragore della contentezza.
Ma voi dove siete?

IONE
Cosa sono questi auriga?

PANTEA
Dove sono i loro cocchi?

ACT IV

SEMICHORUS OF HOURS I
>   The voice of the Spirits of Air and of Earth
>   Has drawn back the figured curtain of sleep
>   Which covered our being and darkened our birth
> 60   In the deep –

A VOICE   In the deep?
SEMICHORUS II   Oh, below the deep.
SEMICHORUS I
>   An hundred ages we had been kept
>   Cradled in visions of hate and care,
>   And each one who waked as his brother slept,
>   Found the truth –

SEMICHORUS II   Worse than his visions were!
SEMICHORUS I
> 65   We have heard the lute of Hope in sleep,
>   We have known the voice of Love in dreams,
>   We have felt the wand of Power, and leap –

SEMICHORUS II
>   As the billows leap in the morning beams!

CHORUS
>   Weave the dance on the floor of the breeze,
> 70   Pierce with song Heaven's silent light,
>   Enchant the Day that too swiftly flees,
>   To check its flight, ere the cave of Night.
>
>   Once the hungry Hours were hounds
>   Which chased the Day, like a bleeding deer,
> 75   And it limped and stumbled with many wounds
>   Through the nightly dells of the desert year.
>
>   But now – oh weave the mystic measure
>   Of music, and dance, and shapes of light,
>   Let the Hours, and the Spirits of might and pleasure,
> 80   Like the clouds and sunbeams unite.

A VOICE   Unite!

ATTO QUARTO

PRIMO SEMICORO DELLE ORE
La voce degli Spiriti dell'Aria e della Terra ha ritirato la cartina pregiata del sonno che copriva il nostro essere ed oscurava la nostra nascita nell'abisso.

UNA VOCE
Nell'abisso?

SECONDO SEMICORO
Oh, sotto l'abisso.

PRIMO SEMICORO
Per cento età ci han tenute cullate in visioni di odio ed angoscia e ciascuna di noi, svegliandosi mentre la sorella dormiva, trovava la verità.

SECONDO SEMICORO
Peggiore della sua visione!

PRIMO SEMICORO
Noi abbiamo udito nel sonno il liuto della speranza, abbiamo conosciuto nei sogni la voce dell'amore, abbiamo sentito la bacchetta del Potere e balziamo.

SECONDO SEMICORO
Come i flutti balzano nei raggi del mattino!

CORO
Intrecciate la danza sulla brezza, penetrate con canti la luce silenziosa del cielo ammaliate il giorno, che vola troppo veloce, e arrestatelo prima che giunga alla caverna della notte.

Un tempo le Ore affamate erano cani che cacciavano il giorno come un daino sanguinate ed esso zoppicava e inciampava per le valli notturne dell'anno deserto.

Ma ora, oh intrecciate la mystic measure[8] della musica della danza e delle figure luminose; come le nubi coi raggi del sole, le Ore e gli spiriti della forza e del piacere s'uniscano.

UNA VOCE
S'uniscano!

---

[8] Nell'aut. la traduzione dall'inglese «mistica armonia» è cassato.

PANTHEA
> See where the Spirits of the human mind
> Wrapt in sweet sounds as in bright veils, approach.

CHORUS OF SPIRITS
>> We join the throng
>> Of the dance and the song,
> By the whirlwind of gladness borne along;
>> As the flying-fish leap
>> From the Indian deep,
> And mix with the sea birds half asleep.

CHORUS OF HOURS
> Whence come ye, so wild and so fleet,
> For sandals of lightning are on your feet,
> And your wings are soft and swift as thought,
> And your eyes are as Love which is veiled not?

CHORUS OF SPIRITS
>> We come from the mind
>> Of human kind
> Which was late so dusk and obscene and blind;
>> Now 'tis an Ocean
>> Of clear emotion,
> A Heaven of serene and mighty motion.

>> From that deep Abyss
>> Of wonder and bliss,
> Whose caverns are crystal palaces;
>> From those skiey towers
>> Where Thought's crowned Powers
> Sit watching your dance, ye happy Hours!

>> From the dim recesses
>> Of woven caresses,
> Where lovers catch ye by your loose tresses –
>> From the azure isles,
>> Where sweet Wisdom smiles,
> Delaying your ships with her siren wiles;

>> From the temples high
>> Of man's ear and eye,

ATTO QUARTO

PANTEA
 Guarda là che gli Spiriti della mente umana s'avvicinano ravvolti in suoni dolcissimi come in veli lucenti.

CORO DEGLI SPIRITI DELLA MENTE
 Noi ci uniamo alla folla della danza e del canto, portati lontano dal turbine della contentezza; così il pesce volante salta dalle onde Indiane e mezzo dormente si mischia agli uccelli marini.

CORO DELLE ORE
 Donde venite così strani e veloci, ché avete sandali fulminei ai piedi, le vostr'ali son agili e rapide come il pensiero e i vostri occhi sono come amore svelato?

CORO DEGLI SPIRITI DELLA MENTE
 Noi veniamo dalla mente dell'uomo che poco fa era così scura immonda e cieca ed ora è un oceano di impressioni limpide, un cielo di moti sereni e forti. Veniamo da quell'abisso recondito di meraviglia e di felicità, le cui grotte sono palazzi di cristallo; da quelle torri celesti dove le Potenze del Pensiero siedono coronate attente alla vostra danza, e ore felici! Dai recessi scuri di carezze scambiate, dove gli amanti vi afferrano per le trecce sciolte; dalle isole cerulee dove sorride la Saggezza soave, ritardando le vostre navi colle sue arti di sirena: dagli alti templi dell'orecchio e dell'occhio umano inarcati

ACT IV

   Roofed over Sculpture and Poesy;
    From the murmurings
115   Of the unsealed springs,
  Where Science bedews his Dædal wings.

    Years after years
    Through blood and tears,
 And a thick hell of hatreds and hopes and fears,
120   We waded and flew,
    And the islets were few
 Where the bud-blighted flowers of happiness grew.

   Our feet now, every palm,
   Are sandalled with calm,
125 And the dew of our wings is a rain of balm;
   And beyond our eyes
   The human love lies
Which makes all it gazes on Paradise.

CHORUS OF SPIRITS AND HOURS
  Then weave the web of the mystic measure;
130 From the depths of the sky and the ends of the Earth,
  Come, swift Spirits of might and of pleasure,
Fill the dance and the music of mirth,
  As the waves of a thousand streams rush by
  To an Ocean of splendour and harmony!

CHORUS OF SPIRITS
135   Our spoil is won,
    Our task is done,
  We are free to dive or soar or run...
    Beyond and around,
    Or within the bound
140 Which clips the world with darkness round.

    We'll pass the Eyes
    Of the starry skies
  Into the hoar Deep to colonize;
    Death, Chaos and Night,
145   From the sound of our flight,
 Shall flee, like mist from a Tempest's might.

sulla Scultura e sulla Poesia; dai mormorii di sorgenti schiuse dove la Scienza irrora le sue ali dedalee. Durante anni ed anni noi guadammo e volammo per sangue e per lacrime, per un inferno denso di odi speranze e timori e gli isolotti, dove crescessero i fiori della felicità ingolfati fin dal germoglio, erano pochi. I nostri piedi ora, a pianta a pianta, son calzati di calma, la rugiada delle nostre ali è una pioggia di balsamo; e, dentro i nostri occhi, sta l'amore umano che imparadisa tutto ciò che contempla.

CORO DEGLI SPIRITI E DELLE ORE

Allora intrecciate the mystic measure[9]; dalle profondità del Cielo e dai confini della terra, venite spiriti veloci della forza e del piacere, riempite d'allegria la danza e la musica, come le onde di mille correnti si cacciano in un oceano di splendore e d'armonia!

CORO DEGLI SPIRITI DELLA MENTE

La nostra preda è guadagnata, il nostro compito è finito, siamo liberi di tuffarci di innalzarci di correre; lontano ed intorno o dentro il limite che rade il mondo coll'oscurità. Noi supereremo gli occhi delle stelle celesti a popolare lo spazio eterno: la Morte il Caos e la Notte fuggiranno il fragore del nostro volo, come nebbia la furia della tempesta.

---

[9] Si veda n. 8.

ACT IV

    And Earth, Air and Light
    And the Spirit of Might,
 Which drives round the stars in their fiery flight;
150   And Love, Thought, and Breath,
    The powers that quell Death,
Wherever we soar shall assemble beneath!

    And our singing shall build,
    In the Void's loose field,
155 A world for the Spirit of Wisdom to wield;
    We will take our plan
    From the new world of man
 And our work shall be called the Promethean.

CHORUS OF HOURS
 Break the dance, and scatter the song;
160 Let some depart and some remain.

SEMICHORUS I
 We, beyond Heaven, are driven along –

SEMICHORUS II
 Us, the inchantments of Earth retain –

SEMICHORUS I
 Ceaseless, and rapid, and fierce, and free,
 With the spirits which build a new earth and sea
165 And a Heaven where yet Heaven could never be –

SEMICHORUS II
 Solemn, and slow, and serene, and bright,
 Leading the Day and outspeeding the Night,
 With the Powers of a world of perfect light –

SEMICHORUS I
 We whirl, singing loud, round the gathering sphere,
170 Till the trees, and the beasts, and the clouds appear
 From its chaos made calm by love, not fear –

SEMICHORUS II
 We encircle the Oceans and Mountains of Earth,
 And the happy forms of its death and birth
 Change to the music of our sweet mirth.

CHORUS OF HOURS AND SPIRITS
175 Break the dance and scatter the song –
  Let some depart and some remain;

ATTO QUARTO

E la Terra, l'Aria, la Luce, lo Spirito della Forza che guida intorno le stelle per le lor'orbite lucenti, l'Amore, il Pensiero e il Respiro, tutte le potenze che reprimono la morte, dovunque noi c'innalziamo ci si riuniranno sotto!

e il nostro canto costruirà nei campi liberi dello spazio un mondo che lo spirito della Saggezza dirigerà. Prenderemo il disegno dal nuovo mondo dell'uomo e la nostra opera verrà chiamata «*il Prometeano*».

CORO DELLE ORE
Rompete la danza e disperdete il canto: partano alcuni e gli altri rimangano.

PRIMO SEMICORO
Noi siamo trascinati via, verso il cielo:

SECONDO SEMICORO
Gli incantamenti della terra ci trattengono:

PRIMO SEMICORO
Incessanti rapidi fieri liberi, cogli spiriti che costruiscono una nuova terra ed un nuovo mare e un cielo, dove non vi poté mai essere un cielo.

SECONDO SEMICORO
Solenni lenti sereni e splendidi, guidando il giorno e lasciandosi dietro la notte, colle potenze di un mondo di luce perfetta.

PRIMO SEMICORO
Noi roteamo, cantando forte, intorno alla sfera che si raccoglie, mentre dal caos appaiono gli alberi gli animali e le nubi, plasmati dall'amore non dalla paura.

SECONDO SEMICORO
Noi giriamo l'oceano e le montagne della Terra e le forme felici della sua morte e della sua vita trasfigurano alla musica soave del nostro giubilo.

CORO DELLE ORE E DEGLI SPIRITI
Rompete la danza e disperdete il canto: partano alcuni e gli altri rimangano.

Wherever we fly we lead along
In leashes, like starbeams, soft yet strong,
 The clouds that are heavy with Love's sweet rain.

PANTHEA
180 Ha, they are gone!
IONE
 Yet feel you no delight
From the past sweetness?
PANTHEA
 As the bare green hill
When some soft cloud vanishes into rain,
Laughs with a thousand drops of sunny water
To the unpavilioned sky!
IONE
 Even whilst we speak
185 New notes arise... What is that awful sound?
PANTHEA
'Tis the deep music of the rolling world,
Kindling within the strings of the waved air
Æolian modulations.
IONE
 Listen too,
How every pause is filled with under-notes,
190 Clear, silver, icy, keen, awakening tones,
Which pierce the sense and live within the soul,
As the sharp stars pierce Winter's crystal air
And gaze upon themselves within the sea.
PANTHEA
But see, where through two openings in the forest
195 Which hanging branches overcanopy,
And where two runnels of a rivulet,
Between the close moss violet-inwoven,
Have made their path of melody, like sisters
Who part with sighs that they may meet in smiles,
200 Turning their dear disunion to an isle
Of lovely grief, a wood of sweet sad thoughts;
Two visions of strange radiance float upon
The Ocean-like enchantment of strong sound,
Which flows intenser, keener, deeper yet
205 Under the ground and through the windless air.
IONE
I see a chariot like that thinnest boat
In which the Mother of the Months is borne

ATTO QUARTO

Dovunque voliamo, portiamo con noi, con legami simili a raggi stellari, gradevoli sebbene forti, le nubi gravi della loro dolce pioggia d'amore.

PANTEA
Oh! Sono andati!

IONE
E non senti piú la delizia della dolcezza passata?

PANTEA
Come la nuda collina verde, quando una nube soffice svanisce in pioggia, ride al cielo libero con mille gocce d'acqua scintillanti al sole!

IONE
E mentre parliamo, si levano nuove note. Che cos'è quel suono solenne?

PANTEA
È la musica arcana del mondo roteante che suscita melodie Eolie sulle corde dell'aria vibrante.

IONE
Ascolta ancora. Ogni paura è riempita da semitoni limpidi, argentei, cristallini, e acuti, risveglianti toni che forano il senso e vivono nell'anima come le stelle pungenti forano l'aria ghiacciata dell'inverno e si ammirano riflesse nel mare.

PANTEA
Ma guarda, attraverso due aperture nella foresta, che rami penduli ricoprono come un baldacchino, e dove, tra il muschio fitto intrecciato di viole due rigagnoli d'uno stesso ruscello han fatto il loro sentiero melodioso: come sorelle, che si dividono sospirando e s'incontreranno sorridendo, trasformano la loro cara separazione in un'isola di affanno amorevole, un bosco di pensieri dolci e insieme tristi.

Due apparizioni d'uno strano splendore galleggiano sull'incantamento, simile a un oceano, del suono poderoso, che scorre ancora piú intenso, piú acuto, piú profondo sotto il suolo e attraverso l'aria immota.

IONE
Vedo un cocchio simile a quella barca limpidissima in cui la Madre dei Mesi quando sorge dai sogni interluna-

ACT IV

    By ebbing light into her western cave
    When she upsprings from interlunar dreams,
210 O'er which is curved an orblike canopy
    Of gentle darkness, and the hills and woods,
    Distinctly seen through that dusk aery veil
    Regard like shapes in an enchanter's glass;
    Its wheels are solid clouds, azure and gold,
215 Such as the genii of the thunderstorm
    Pile on the floor of the illumined sea
    When the Sun rushes under it; they roll
    And move and grow as with an inward wind.
    Within it sits a winged Infant, white
220 Its countenance, like the whiteness of bright snow,
    Its plumes are as feathers of sunny frost,
    Its limbs gleam white, through the wind-flowing folds
    Of its white robe, woof of ethereal pearl.
    Its hair is white, – the brightness of white light
225 Scattered in strings, yet its two eyes are Heavens
    Of liquid darkness, which the Deity
    Within, seems pouring, as a storm is poured
    From jagged clouds, out of their arrowy lashes,
    Tempering the cold and radiant air around,
230 With fire that is not brightness; in its hand
    It sways a quivering moonbeam, from whose point
    A guiding power directs the chariot's prow
    Over its wheeled clouds, which as they roll
    Over the grass and flowers and waves, wake sounds,
235 Sweet as a singing rain of silver dew.

PANTHEA
    And from the other opening in the wood
    Rushes with loud and whirlwind harmony,
    A sphere, which is as many thousand spheres,
    Solid as crystal, yet through all its mass
240 Flow, as through empty space, music and light:
    Ten thousand orbs involving and involved,
    Purple and azure, white, and green, and golden,
    Sphere within sphere, and every space between
    Peopled with unimaginable shapes,
245 Such as ghosts dream dwell in the lampless deep,

ri è trasportata nella sua grotta occidentale dalla luce morente. Su di esso sta ricurvo un baldacchino sferico dall'ombra dolce e i boschi e le colline, visibili distintamente attraverso quello scuro velo aereo, paiono figure nello specchio di un incantatore. Le ruote sono nubi solide, cerulee e dorate, come quelle che i geni della tempesta folgorante ammassano sulla distesa ascesa del mare quando il sole vi precipita; e girano, muovono, avanzano come se dentro avessero un vento.

Entro il cocchio siede un bimbo alato, dall'aspetto candido, ma del candore smagliante della neve; le sue penne sono come fiocchi di brina illuminata dal sole; e le sue membra risplendono candide attraverso le pieghe, agitate dal vento, della sua veste bianca intessuta di perle eteree. I suoi capelli son bianchi, lo splendore di quella luce è diffuso in file, eppure i suoi due occhi sono cieli di lucida oscurità che, come una tempesta si riversa da nubi frastagliate, la sua divinità sembra spargere dalle loro ciglia arcuate, temperando così l'aria fredda e radiosa intorno con un fuoco che non ha splendore. Nella mano egli agita un raggio lunare tremolante, dalla cui forza a *guiding power*[10] dirige il timone del cocchio sulle nubi rotanti che mentre girano sull'erba sui fiori e sulle onde risvegliano suoni dolci come il mormorio d'una pioggia di rugiada argentea.

PANTEA

E dall'altra apertura del bosco si lancia fuori, tra un'armonia forte e turbinosa una sfera che è come molte migliaia di sfere, solida come il cristallo quantunque per tutta la sua massa fluiscano, come per uno spazio vuoto, musica e luce. Sono diecimila sfere concentriche, purpuree e celesti, bianche e verdi, e dorate, l'una entro l'altra e ciascuno spazio in mezzo è occupato da figure inimmaginabili simili a quelle che i fantasmi sognano abitanti nell'abisso scuro.

---

[10] Potere dirigente.

ACT IV

    Yet each intertranspicuous, and they whirl
    Over each other with a thousand motions,
    Upon a thousand sightless axles spinning,
    And with the force of self-destroying swiftness,
250 Intensely, slowly, solemnly roll on –
    Kindling with mingled sounds, and many tones,
    Intelligible words and music wild. –
    With mighty whirl the multidinous Orb
    Grinds the bright brook into an azure mist
255 Of elemental subtlety, like light,
    And the wild odour of the forest flowers,
    The music of the living grass and air,
    The emerald light of leaf-entangled beams
    Round its intense, yet self-conflicting speed,
260 Seem kneaded into one aerial mass
    Which drowns the sense. Within the Orb itself,
    Pillowed upon its alabaster arms,
    Like to a child o'erwearied with sweet toil,
    On its own folded wings and wavy hair,
265 The Spirit of the Earth is laid asleep,
    And you can see its little lips are moving
    Amid the changing light of their own smiles,
    Like one who talks of what he loves in dream –

IONE

    'Tis only mocking the Orb's harmony...

PANTHEA

270 And from a star upon its forehead, shoot,
    Like swords of azure fire, or golden spears
    With tyrant-quelling myrtle overtwined,
    Embleming Heaven and Earth united now,
    Vast beams like spokes of some invisible wheel
275 Which whirl as the Orb whirls, swifter than thought,
    Filling the abyss with sunlike lightenings,
    And perpendicular now, and now transverse,
    Pierce the dark soil, and as they pierce and pass,
    Make bare the secrets of the Earth's deep heart,
280 Infinite mines of adamant and gold,
    Valueless stones and unimagined gems,
    And caverns on crystalline columns poised

Però sono tutte trasparenti e turbinano l'una sull'altra con mille movimenti, su un migliaio di invisibili assi rotanti. E colla forza di una velocità tale che si nasconde esse girano vertiginosamente, lentamente, solennemente, formando con suoni mischiati e con innumerevoli toni parole intelleggibili e una musica strana. Nel mio gran turbine la sfera popolosa polverizza il ruscello lucente in nebbia celeste di una finezza elementare, come la luce; e l'odore selvaggio dei fiori silvestri, la musica dell'erba viva e dell'atmosfera, la luce smeraldina di raggi penetrati tra foglie intorno alla sua velocità grandissima, che pure combatte con sé stessa, paiono fusi in una sola massa aerea che rapisce il sentimento. E dentro la sfera stessa, posato il capo sulle braccia alabastrine, come un fanciullo stremato da un affanno soave, sulle ali ripiegate e sui capelli ondeggianti, giace addormentato lo Spirito della Terra. Puoi scorgere i suoi labbruzzi che si muovono, tra la luce cangiante dei suoi sorrisi, come chi parla di ciò che ama in sogno.

IONE
Egli imita solo l'armonia della sfera.

PANTEA
E da una stella che gli scintilla in fronte, larghi raggi simboleggianti il cielo e la terra uniti insieme, forano, a tratti perpendicolari e a tratti obliqui, il suolo scuro, simili a spade di fuoco azzurrino o a lancie d'oro attorte al mirto uccisore del tiranno. Essi sono simili ai raggi di una ruota invisibile che, perché gira il cerchio, girano anch'essi; e piú veloci del pensiero, riempono, come il sole, l'abisso di lampi, scoprendo, mentre forano e passano, i segreti del cuore profondo della terra. Scoprono miniere innumerevoli di diamanti e d'oro, pietre inestimabili, gemme mai sognate e caverne sostenute da colonne cristalline piene d'argento vegetale; pozzi di fuo-

With vegetable silver overspread,
Wells of unfathomed fire, and watersprings
285 Whence the great Sea, even as a child, is fed
Whose vapours clothe Earth's monarch mountaintops
With kingly, ermine snow; the beams flash on
And make appear the melancholy ruins
Of cancelled cycles; anchors, beaks of ships,
290 Planks turned to marble, quivers, helms and spears,
And gorgon-headed targes, and the wheels
Of scythed chariots, and the emblazonry
Of trophies, standards and armorial beasts,
Round which Death laughed, sepulchred emblems
295 Of dead Destruction, ruin within ruin!
The wrecks beside of many a city vast,
Whose population which the Earth grew over
Was mortal but not human; see, they lie,
Their monstrous works and uncouth skeletons,
300 Their statues, homes, and fanes; prodigious shapes
Huddled in grey annihilation, split,
Jammed in the hard black deep; and over these
The anatomies of unknown winged things,
And fishes which were isles of living scale,
305 And serpents, bony chains, twisted around
The iron crags, or within heaps of dust
To which the tortuous strength of their last pangs
Had crushed the iron crags; – and over these
The jagged alligator and the might
310 Of earth-convulsing behemoth, which once
Were monarch beasts, and on the slimy shores,
And weed-overgrown continents of Earth,
Increased and multiplied like summer worms
On an abandoned corpse, till the blue globe
315 Wrapt Deluge round it like a cloak, and they
Yelled, gaspt and were abolished; or some God
Whose throne was in a Comet, past, and cried –
"Be not!" – and like my words they were no more.

THE EARTH

The joy, the triumph, the delight, the madness,

co inscandigliati e sorgenti dalle quali il mare immenso è nutrito come un fanciullo, e i cui vapori rivestono le vette piú elevate della terra coll'ermellino reale della neve. I raggi abbagliano e rischiarano le rovine melanconiche di secoli scomparsi; ancore, rostri di navi; tavole impietrate; faretre, elmi, lancie, scudi colla testa della Gorgona e le ruote di carri falcati e i fasti di trofei, di stendardi, di bestie gentilizie intorno a cui sogghigna la morte: gli istrumenti sepolti di una distruzione morta, rovina entro rovina! E accanto le rovine di molte grandi città, i cui abitanti, sepolti dalla terra, erano mortali, ma non esseri umani. Guarda! Essi giacciono, le loro opere mostruose, e gli scheletri orribili, le loro statue, le case, e i templi: figure prodigiose ammontichiate in un nulla oscuro e, spezzate, schiacciate nell'abisso buio tremendo, su di esse stanno le anatomie di esseri alati sconosciuti, e pesci che erano isole di vive squame e serpenti, catene d'ossa intrecciate intorno a rupi ferree o sotto cumuli di polvere poiché la forza tortuosa della loro agonia ha schiacciato le rupi.

E su di essi stanno gli alligatori frastagliati e il forte ippopotamo che scuoteva la terra. Tutti furono un tempo, re degli animali e sulle spiagge limacciose, sui continenti, ricoperti d'alghe, ingrassavano e si moltiplicavano come vermi estivi su cadavere abbandonato. Ma la volta azzurra addensò tutt'intorno un diluvio, come un mantello, ed essi stridendo ed ansando sparirono. Ovvero un Dio, che sedeva in trono su qualche cometa gridò passando «Non siate!» e come le mie parole, essi non furono piú.

TERRA

La gioia, il trionfo, il tripudio, la follia! la contentezza

320 The boundless, overflowing bursting gladness,
   The vaporous exultation, not to be confined!
       Ha! ha! the animation of delight
       Which wraps me, like an atmosphere of light,
   And bears me as a cloud is borne by its own wind!

THE MOON

325   Brother mine, calm wanderer,
       Happy globe of land and air,
   Some Spirit is darted like a beam from thee,
       Which penetrates my frozen frame,
       And passes with the warmth of flame –
330 With love and odour and deep melody
       Through me, through me! –

THE EARTH

   Ha! ha! the caverns of my hollow mountains,
   My cloven fire-crags, sound-exulting fountains
   Laugh with a vast and inextinguishable laughter.
335   The Oceans and the Deserts and the Abysses,
       And the deep air's unmeasured wildernesses
   Answer from all their clouds and billows, echoing after.

   They cry aloud as I do – "Sceptred Curse,
   Who all our green and azure Universe
340 Threatenedst to muffle round with black destruction, sending
   A solid cloud to rain hot thunderstones,
   And splinter and knead down my children's bones,
   All I bring forth, to one void mass battering and blending,

   "Until each craglike tower and storied column,
345   Palace and Obelisk and Temple solemn,
   My imperial mountains crowned with cloud and snow and fire,
   My sea-like forests, every blade and blossom
   Which finds a grave or cradle in my bosom,
   Were stamped by thy strong hate into a lifeless mire,

350   "How art thou sunk, withdrawn, cover'd – drunk up

illuminata, traboccante, sconfinante, l'esultanza vaporosa che non vuole confini!
Oh! oh! l'animazione del Giubilo che mi ravvolge, come un'atmosfera di luce, e mi trasporta come una nube è trasportata dal suo vento!

LUNA
Fratello mio, tranquillo pellegrino, globo felice di terra e d'aria, tu dardeggi lontano un raggio che penetra il mio corpo gelato e col calare della fiamma, con amore, profumo e profonda melodia passa attraverso di me, attraverso di me!

TERRA
Oh! Oh! Le caverne delle mie montagne vuote, le mie rupi spaccate dal fuoco, le mie fonti esultanti nel loro mormorio ridono di un riso vasto, inestinguibile. Gli oceani i deserti e gli abissi: le solitudini immense dell'aria fonda, rispondono da tutte le loro nubi e i loro flutti, echeggiando poi. Maledizione scettrata, tu minacciavi di soffocare tutto il nostro universo verde e ceruleo, con una fosca distruzione, mandando una solida nube a piovere aeroliti roventi, a frantumare e a impastare insieme le ossa dei miei figli e tutto ciò che io produssi, demolendolo e confondendolo in una sola massa vacua. Volevi che ciascuna torre pari a una rupe, che ciascuna colonna istoriata, e che i palazzi gli obelischi i templi solenni, i miei monti imperiali, coronati di nubi, neve e fuoco, le mie foreste simili al mare, rigerminanti e fiorenti che trovano una tomba o una culla sul mio seno, venissero segnati del tuo odio violento e volti a una meta inerte.

E come sei caduta ora, fuggita, ricoperta, assorbita dal

ACT IV

    By thirsty nothing, as the brackish cup
      Drained by a Desart-troop – a little drop for all;
        And from beneath, around, within, above,
        Filling thy void annihilation, Love
355 Bursts in like light on caves cloven by the thunderball."

THE MOON

        The snow upon my lifeless mountains
        Is loosened into living fountains,
  My solid Oceans flow and sing and shine
        A spirit from my heart bursts forth,
360   It clothes with unexpected birth
  My cold bare bosom: Oh! it must be thine
           On mine, on mine!

        Gazing on thee I feel, I know,
        Green stalks burst forth, and bright flowers grow,
365 And living shapes upon my bosom move:
        Music is in the sea and air,
        Winged clouds soar here and there,
  Dark with the rain new buds are dreaming of:
          'Tis Love, all Love!

THE EARTH

370   It interpenetrates my granite mass,
      Through tangled roots and trodden clay doth pass
  Into the utmost leaves and delicatest flowers;
      Upon the winds, among the clouds 'tis spread,
      It wakes a life in the forgotten dead,
375 They breathe a spirit up from their obscurest bowers.

      And like a storm, bursting its cloudy prison
      With thunder and with whirlwind, has arisen
  Out of the lampless caves of unimagined being,
      With earthquake shock and swiftness making shiver
380   Thought's stagnant chaos, unremoved forever,
  Till Hate, and Fear, and Pain, light-vanquished shadows,
          fleeing,

      Leave Man, who was a many-sided mirror,
      Which could distort to many a shape of error,

nulla assetato, come il recipiente salmastro prosciugato da una caravana, una gocciola ciascuno!
E di sotto, d'intorno, d'entro, dall'alto, l'amore, riempendo l'annichilazione vuota, irrompe come una luce in caverne squarciate dal fulmine.

LUNA
La neve sui miei monti morti si scioglie in sorgenti di vita, i miei oceani gelati scorrono, cantano e splendono. Dal mio cuore erompe uno spirito che riveste di una vita inattesa il mio freddo seno ignudo: possa essere il tuo sul mio seno, oh, sul mio!
Guardandoti io sento, m'accorgo che spuntano steli verdi e crescono fiori smaglianti e forme viventi mi si muovo addosso: nel mare e nell'aria vi è una melodia, nubi alate si levano qua e là e gemme novelle sognano il velo della pioggia: è amore, dappertutto amore!

TERRA
Esso penetra la mia massa di granito, e sale attraverso radici intrecciate ed argille premute alle foglie piú alte, ai fiori piú delicati; è sparso sui venti e tra le nubi; risveglia una vita nei morti dimenticati, che respirano uno spirito dalle loro tombe scure.

E, come una tempesta che squarcia la sua prigione di nubi con tuoni e con turbini, l'amore è sorto fuori dagli antri oscuri di esseri mai immaginati, facendo, con scosse di terremoto e colla sua velocità, rabbrividire il Caos stagnante del pensiero, che non era mai stato smosso. L'odio, la paura il dolore, ombre vinte dalla luce, fuggono e lasciano cosí l'uomo, come un fanciullo lebbroso che, lasciato solo, segue qualche bestia ammalata in una fessura calda, tra roccie, donde si spande la virtú d'acque salutari e quando ritorna inconscio a casa con un roseo sorriso sua madre che dapprima teme sia uno spirito, piange poi sul figlio guarito. L'uomo, che era uno specchio dalle molte facce e riduceva a molte forme erronee, questo bel mondo reale delle cose, un mare riflet-

ACT IV

    This true fair world of things – a Sea reflecting Love;
385   Which over all his kind, as the Sun's Heaven
    Gliding o'er Ocean, smooth, serene and even,
Darting from starry depths radiance and life, doth move,

    Leave Man, even as a leprous child is left,
    Who follows a sick beast to some warm cleft
390 Of rocks, through which the might of healing springs is poured;
    Then when it wanders home with rosy smile
    Unconscious, and its mother fears awhile
It is a Spirit – then weeps on her child restored.

    Man, oh, not men! a chain of linked thought,
395   Of love and might to be divided not,
Compelling the elements with adamantine stress –
    As the Sun rules, even with a tyrant's gaze,
    The unquiet Republic of the maze
Of Planets, struggling fierce towards Heaven's free wilderness.

400 Man, one harmonious Soul of many a soul,
    Whose nature is its own divine control
Where all things flow to all, as rivers to the sea;
    Familiar acts are beautiful through love;
    Labour and Pain and Grief in life's green grove
405 Sport like tame beasts – none knew how gentle they could be!

    His Will, with all mean passions, bad delights,
    And selfish cares, its trembling satellites,
A spirit ill to guide, but mighty to obey,
    Is as a tempest-winged ship, whose helm
410 Love rules, through waves which dare not overwhelm,
Forcing life's wildest shores to own its sovereign sway.

    All things confess his strength. – Through the cold mass

tente amore, che, come il cielo del sole, muovono su tutta la sua natura, scivolando sull'oceano carezzevole piano e sereno, dardeggiando fulgore e vita dalle profondità stellate.

Uomo, oh, non uomini! una catena di pensieri allacciati, d'amore e di potenza, da non separarsi mai piú, che costringe gli elementi con forza adamantina, come il sole regge, sebbene coll'occhio del tiranno, la republica inquieta, il labirinto, dei pianeti che si sforzano verso i deserti liberi del cielo.
Uomo, uno spirito armonico, fatto di molti spiriti, la cui natura è il proprio controllo divino; dove tutte le cose fluiscono al tutto, come fiumi al mare! Le azioni familiari sono belle attraverso l'amore; il lavoro, la sofferenza, il rammarico, nel verde vivaio della vita, trastullano come animali addomesticati e nessuno prima sapeva quanto potev'essere amabili!

La sua volontà, con tutte le passioni basse, coi piaceri cattivi, e le preoccupazioni egoistiche, suoi satelliti tremanti; la volontà, spirito ribelle a guidarlo, ma potente a chi lo sa obbedire, è ora come una nave sull'ale della tempesta, coll'amore al timone, tra cavalloni che non osano sommergerla, e si spinge alle spiagge remotissime della vita per riconoscere il suo dominio sovrano. Tutti gli esseri confessano la sua forza. Per la fredda massa di

Of marble and of colour his dreams pass;
Bright threads, whence mothers weave the robes their
children wear;
415   Language is a perpetual Orphic song,
Which rules with Dædal harmony a throng
Of thoughts and forms, which else senseless and
shapeless were.

The Lightning is his slave; Heaven's utmost deep
Gives up her stars, and like a flock of sheep
420 They pass before his eye, are numbered, and roll on!
The Tempest is his steed, – he strides the air;
And the abyss shouts from her depth laid bare,
"Heaven, hast thou secrets? Man unveils me, I have
none."

THE MOON
The shadow of white Death has past
425   From my path in Heaven at last,
A clinging shroud of solid frost and sleep –
And through my newly-woven bowers,
Wander happy paramours,
Less mighty, but as mild as those who keep
430   Thy vales more deep.

THE EARTH
As the dissolving warmth of Dawn may fold
A half-unfrozen dewglobe, green, and gold,
And crystalline, till it becomes a winged mist,
And wanders up the vault of the blue Day,
435   Outlives the noon, and on the Sun's last ray
Hangs o'er the Sea – a fleece of fire and amethyst –

THE MOON
Thou art folded, thou art lying
In the light which is undying
Of thine own joy and Heaven's smile divine;
440   All suns and constellations shower
On thee a light, a life, a power
Which doth array thy sphere – thou pourest thine
On mine, on mine!

marmo e di colori passano i suoi sogni; fila lucenti donde le madri intessono le vesti che i loro figli indossano. Il linguaggio è un perpetuo canto Orfico, che regola con armonia Dedalea una folla di pensieri e di forme che altrimenti resterebbero incommuniti e informi.

Il lampo è schiavo di questa volontà. Le plaghe piú remote del cielo porgono le loro stelle che passano innanzi all'occhio umano, come un gregge di pecore, vengono contate e rotano via!
La tempesta è la sua cavalcatura, esso scavalca l'aria.
E l'abisso grida dalle sue profondità messe in luce, Cielo, hai segreti? L'uomo mi svela; non ne ho alcuno.

LUNA
L'ombra bianca della morte è fuggita finalmente dal mio sentiero nel cielo, un sudario avvolgente di ghiaccio e sonno. E per le mie pergole intessute poco fa, errano innamorati felici, meno numerosi, ma teneri come quelli che sono nelle tue valli piú profonde.

TERRA
Come il calore dissolvente dell'alba grava su una goccia di rugiada, mezza gelata, verde, aurea, cristallina, finché questa si trasforma in nebbia alata erra per la volta del cielo azzurro, e, sopravvivendo al mezzogiorno, pende sul mare nell'ultimo raggio di sole, fiocchetto bioccolo di fuoco e d'ametista.

LUNA
Tu sei ravvolta, tu giaci nella luce immortale della tua gioia e nel sorriso divino del cielo. Tutti i soli, le costellazioni ti piovono sopra una luce, una vita, una potenza, che abbella la tua sfera: e tu versi su di me la tua, su di me!

THE EARTH
>   I spin beneath my pyramid of night,
> 445 Which points into the Heavens, dreaming delight,
>   Murmuring victorious joy in my enchanted sleep;
>   As a youth lulled in love-dreams, faintly sighing,
>   Under the shadow of his beauty lying
>   Which round his rest a watch of light and warmth
>   doth keep.

THE MOON
> 450   As in the soft and sweet eclipse,
>   When soul meets soul on lovers' lips,
>   High hearts are calm, and brightest eyes are dull;
>   So when thy shadow falls on me,
>   Then am I mute and still, – by thee
> 455 Covered; of thy love, Orb most beautiful,
>   Full, oh, too full! –

>   Thou art speeding round the Sun,
>   Brightest World of many a one,
>   Green and azure sphere which shinest
> 460   With a light which is divinest
>   Among all the lamps of Heaven
>   To whom life and light is given;
>   I, thy crystal paramour,
>   Borne beside thee by a power
> 465   Like the polar Paradise,
>   Magnet-like, of lovers' eyes;
>   I, a most enamoured maiden
>   Whose weak brain is overladen
>   With the pleasure of her love –
> 470   Maniac-like around thee move,
>   Gazing, an insatiate bride,
>   On thy form from every side
>   Like a Mænad round the cup
>   Which Agave lifted up
> 475   In the weird Cadmæan forest. –
>   Brother, wheresoe'er thou soarest
>   I must hurry, whirl and follow
>   Through the Heavens wide and hollow,

TERRA
Io giro sotto la piramide della mia notte, che s'appunta nei cieli, e sogno delizie, mormorando una gioia vittoriosa nel mio sonno incantato.
Cosí un giovine, cullato in sogni d'amore, sospira languidamente, giacendo sotto la visione dell'amata che gli circonda il sonno d'a *watch*[11] di luce e di tepore.

LUNA
Come nell'eclisse blando e dolce, quando l'anima s'incontra con l'anima sulle labbra degli amanti, i cuori elevati sono calmi, e gli occhi piú lucenti, languidi; cosí quando la tua ombra mi cade addosso, io sto muta e tranquilla, ricoperta da te; piena, oh! troppo piena del tuo amore, Sfera bellissima!

Tu t'affretti intorno al sole, mondo splendido tra molti; sfera verde e cerulea che risplendi con una luce ch'è la piú divina tra tutti i lumi del Cielo a cui vien data luce e vita; io, la tua amante cristallina, trasportata accanto a te da una potenza simile al Paradiso polare degli occhi degli amanti; io, vergine tutta innamorata dal debole cervello soverchiato dalla delizia del suo amore, mi muovo, come un maniaco, intorno a te, guardando, come una sposa insaziabile, la tua forma, da ogni lato. Cosí faceva una Menade, intorno alla tazza che Agave levò nella fatale foresta Cadmea.
Fratello, dovunque tu t'innalzi, io debbo precipitarmi, turbinando, a seguirti per i cieli immensi e vuoti.

---

[11] D'un vigile.

ACT IV

                    Sheltered by the warm embrace
480   Of thy soul, from hungry space,
                    Drinking, from thy sense and sight
                    Beauty, majesty, and might,
                    As a lover or chameleon
                    Grows like what it looks upon,
485   As a violet's gentle eye
                    Gazes on the azure sky
            Until its hue grows like what it beholds,
                    As a grey and watery mist
                    Glows like solid amethyst
490 Athwart the western mountains it enfolds,
                    When the sunset sleeps
                        Upon its snow –

THE EARTH
                    And the weak day weeps
                    That it should be so.
495 O gentle Moon, the voice of thy delight
    Falls on me like thy clear and tender light
    Soothing the seaman, borne the summer night,
            Through Isles forever calm;
    O gentle Moon, thy crystal accents pierce
500 The caverns of my Pride's deep Universe,
    Charming the tyger Joy, whose tramplings fierce
            Made wounds, which need thy balm.

PANTHEA
    I rise as from a bath of sparkling water,
    A bath of azure light, among dark rocks,
505 Out of the stream of sound –
IONE   Ah me, sweet sister,
    The stream of sound has ebbed away from us
    And you pretend to rise out of its wave,
    Because your words fall like the clear soft dew
    Shaken from a bathing wood-nymph's limbs and hair.

PANTHEA
510 Peace! peace! a mighty Power, which is as Darkness,
    Is rising out o' Earth, and from the sky
    Is showered like Night, and from within the air
    Bursts, like eclipse which had been gathered up

Il caldo abbraccio del tuo spirito mi ripara dallo spazio affamato; io assorbo dal tuo senso e dalla tua vista, bellezza, maestà e potenza, come un amante o un camaleonte che diventa simile a ciò che guarda; come l'occhio gentile d'una viola s'affissa nel cielo azzurro fin che il suo calore diventa simile a ciò che vede, come una nebbia grigia e acquosa risplende, simile a una solida ametista, attraverso le montagne occidentali ch'essa avvolge, nell'ora che il tramonto dorme sulla loro neve.

TERRA
E che il giorno fievole piange che accada cosí. O Luna gentile, la voce del tuo diletto mi cade addosso come la tua luce limpida e tenera che consola il marinaio, trasportato nella notte estiva, in mezzo ad isole quiete per sempre;
O Luna gentile, i tuoi accenti cristallini penetrano nelle profonde cavità del mio orgoglio e incantano la gioia, tigre le cui orme feroci imprimono ferite che abbisognano del tuo balsamo.

PANTEA
Io sorgo come da un bagno d'acqua scintillante, un bagno di luce azzurra, tra roccie scure, fuori della corrente del suono.

IONE
O mia dolce sorella, la corrente del suono s'è dileguata da noi e tu pretendi di sorgere dalle sue onde, perché le tue parole cadono come la rugiada limpida, fluida, scossa dalle membra e dai capelli d'una Driade bagnante.

PANTEA
Pace, pace! Una grande potenza, simile all'oscurità, sorge dalla Terra; dal cielo si riversa come notte e si dilata dal mezzo dell'aria, come un eclisse raccolto nei pori

ACT IV

Into the pores of sunlight – the bright Visions
Wherein the singing spirits rode and shone,
Gleam like pale meteors through a watery night.

IONE
There is a sense of words upon mine ear –

PANTHEA
A universal sound like words... O list!

DEMOGORGON
Thou Earth, calm empire of a happy Soul,
    Sphere of divinest shapes and harmonies,
Beautiful orb! gathering as thou dost roll
    The Love which paves thy path along the skies:

THE EARTH
I hear, – I am as a drop of dew that dies!

DEMOGORGON
Thou Moon, which gazest on the nightly Earth
    With wonder, as it gazes upon thee,
Whilst each to men and beasts and the swift birth
    Of birds, is beauty, love, calm, harmony:

THE MOON
I hear – I am a leaf shaken by thee!

DEMOGORGON
Ye Kings of suns and stars, Dæmons and Gods,
    Ætherial Dominations, who possess
Elysian, windless, fortunate abodes
    Beyond Heaven's constelled wilderness:

A VOICE (*from above*)
Our great Republic hears... we are blest, and bless.

DEMOGORGON
Ye happy dead, whom beams of brightest verse
    Are clouds to hide, not colours to portray,
Whether your nature is that Universe
    Which once ye saw and suffered –

A VOICE (*from beneath*)   Or as they
Whom we have left, we change and pass away. –

DEMOGORGON
Ye elemental Genii, who have homes
    From man's high mind even to the central stone

della luce solare. Le figure splendide sotto cui gli spiriti cantatori sorsero e sfavillarono, rilucono ora come pallide meteore in una notte piovosa.

IONE
Nel mio orecchio vi è un senso di parole.

PANTEA
Un suono universale, come di parole: ascolta!

DEMOGORGONE
Tu, o Terra, calmo impero d'uno spirito felice, sfera delle forme e delle armonie piú divine, bella Sfera! che mentre roti raccogli l'amore che segna il tuo sentiero nei cieli:

TERRA
Odo: sono come una goccia di rugiada che muore.

DEMOGORGONE
Tu, Luna, che guardi la Terra notturna con meraviglia, mentr'essa guarda te; e intanto tutt'e due, agli uomini, agli animali e alla vita veloce degli uccelli, siete bellezza, amore, calma, armonia:

LUNA
Odo: sono una foglia agitata da te.

DEMOGORGONE
Voi, re dei soli e degli astri, Demoni e Dei, Dominazioni eteree che oltre i deserti costellati del Cielo possedete le dimore elisie, senza venti, fortunate:

UNA VOCE DALL'ALTO
La vostra gran Republica ode; noi siamo benedette e benediciamo.

DEMOGORGONE
Voi, morti felici, che i raggi dei versi piú smaglianti sono nubi per nascondere e non colori per descrivere, o che la vostra natura sia quella dell'universo che un tempo vedeste e soffriste –.

UNA VOCE DI SOTTO
O che, come coloro che abbiamo lasciato noi ci mutiamo e dileguiamo.

DEMOGORGONE
Voi, Geni elementari, che abitate dalla mente elevata dell'uomo, fino alla pietra centrale del piombo scuro;

ACT IV

  Of sullen lead, from Heaven's star-fretted domes
    To the dull weed some sea-worm battens on –
A CONFUSED VOICE
  We hear: thy words waken Oblivion.
DEMOGORGON
  Spirits whose homes are flesh – ye beasts and birds –
545 Ye worms and fish – ye living leaves and buds –
  Lightning and Wind – and ye untameable herds,
    Meteors and mists, which throng Air's solitudes:
A VOICE
  Thy voice to us is wind among still woods.
DEMOGORGON
  Man, who wert once a despot and a slave, –
550 A dupe and a deceiver, – a Decay,
  A Traveller from the cradle to the grave
    Through the dim night of this immortal Day:
ALL
  Speak – thy strong words may never pass away.
DEMOGORGON
  This is the Day which down the void Abysm
555 At the Earth-born's spell yawns for Heaven's
              Despotism,
    And Conquest is dragged Captive through the
              Deep;
  Love from its awful throne of patient power
  In the wise heart, from the last giddy hour
    Of dread endurance, from the slippery, steep,
560 And narrow verge of crag-like Agony, springs
  And folds over the world its healing wings.

  Gentleness, Virtue, Wisdom and Endurance, –
  These are the seals of that most firm assurance
    Which bars the pit over Destruction's strength;
565 And if, with infirm hand, Eternity,
  Mother of many acts and hours, should free
    The serpent that would clasp her with his length –
  These are the spells by which to reassume
  An empire o'er the disentangled Doom.

dalla volta del cielo tempestata di stelle all'alga lenta che ingrassa qualche verme marino;

UNA VOCE CONFUSA
Noi udiamo: le tue parole risvegliano le Dimenticanze.

DEMOGORGONE
Spiriti, che abitate nella carne; voi animali e uccelli, voi vermi e pesci, voi, vive foglie e germogli, folgori e venti; e voi mandrie indomabili, meteore e nebbie che affollate i deserti dell'aria:

UNA VOCE
La tua voce è per noi come un vento attraverso boschi tranquilli.

DEMOGORGONE
Uomo, ch'eri un tempo un despota e uno schiavo, una vittima e un ingannatore, una rovina; un viaggiatore dalla culla alla tomba per la notte fosca di questo giorno immortale:

TUTTO
Parla! Le tue forti parole dilegueranno mai.

DEMOGORGONE
Questo è il giorno che il vuoto abisso si spalanca, alla maledizione del figlio della Terra, per inghiottire il despota del Cielo, e che la Conquista è trascinata prigioniera nel profondo. L'amore balza dal suo trono solenne di potere paziente nel cuore del saggio, dall'ultima ora vertiginosa di tremenda costanza, dal ciglione sdrucciolevole, scosceso, angusto dell'agonia, simile a una rupe, e stende sul mondo le sue ali risananti.

Gentilezza, Virtú, Saggezza e Costanza – questi sono i sigilli della migliore assicurazione che chiude la fossa sulla forza di Distruzione. E se l'Eternità, madre di molte azioni e di molte ore, liberasse con mano inferma il serpente che l'avvolgerebbe di tutta la sua lunghezza, queste sono le parole magiche con cui riassumere l'impero sul male disciolto: soffrir miserie che la Speranza

570 To suffer woes which Hope thinks infinite;
  To forgive wrongs darker than Death or Night;
    To defy Power which seems Omnipotent;
  To love, and bear; to hope, till Hope creates
  From its own wreck the thing it contemplates;
575   Neither to change nor falter nor repent:
  This, like thy glory, Titan! is to be
  Good, great and joyous, beautiful and free;
  This is alone Life, Joy, Empire and Victory.

crede infinite; dimenticare danni piú neri della morte o della notte; sfidare una Potenza che sembra onnipotente; amare e sopportare; sperare finché la Speranza crea dalla sua stessa rovina l'oggetto che contempla; mai mutare, mai esitare, mai pentirsi; questo, come la tua gloria, Titano, è essere buono, grande, gioioso, bello e libero; solo questo è Vita, Gioia, Impero e Vittoria!

Appendice I

The Cloud

I bring fresh showers for the thirsting flowers,
    From the seas and the streams;
I bear light shade for the leaves when laid
    In their noon-day dreams.
From my wings are shaken the dews that waken
    The sweet buds every one,
When rocked to rest on their mother's breast,
    As she dances about the Sun.
I wield the flail of the lashing hail,
    And whiten the green plains under,
And then again I dissolve it in rain,
    And laugh as I pass in thunder.

I sift the snow on the mountains below,
    And their great pines groan aghast;
And all the night 'tis my pillow white,
    While I sleep in the arms of the blast.
Sublime on the towers of my skiey bowers,
    Lightning my pilot sits;
In a cavern under is fettered the thunder,
    It struggles and howls at fits;
Over Earth and Ocean, with gentle motion,
    This pilot is guiding me,
Lured by the love of the genii that move
    In the depths of the purple sea;
Over the rills, and the crags, and the hills,
    Over the lakes and the plains,
Wherever he dream, under mountain or stream,
    The Spirit he loves remains;
And I all the while bask in Heaven's blue smile,
    Whilst he is dissolving in rains.

La nuvola

Dai mari e dai fiumi io porto acquazzoni freschi per i fiori assetati e faccio un'ombra leggera alle foglie quand'esse giacciono nei loro sogni meridiani. Dalle mie ali vengono scosse le rugiade che risvegliano ad uno ad uno i germogli teneri, cullati, per addormentarli sul seno della loro madre, mentr'essa danza intorno al sole. Io vibro il flagello della grandine sferzante e m'imbianco sotto le pianure verdi. Di nuovo, poi, dissolvo la grandine in pioggia e sogghigno se passo tuonando.

II

Io staccio la neve, giú, sulle montagne e i loro grandi pini gemono atterriti; e per tutta la notte essa è il mio guanciale bianco, mentre dormo in braccio alle raffiche. Sulle torri delle mie logge celesti siede, altissimo, il mio pilota e lampeggia; sotto, in una caverna è incatenato il tuono che si dibatte ed urla rabbioso. Questo pilota, allettato dall'amore dei geni che s'agitano nelle profondità del mare porpureo, mi guida dolcemente sulla terra e sull'oceano. Lo Spirito, ch'egli ama, vive sui ruscelli, sulle rupi e sulle colline, sui laghi e sulle pianure, dovunque egli sogni, sotto montagne od acque; ed io, tutto il tempo, mi riscaldo nel sorriso azzurro del cielo, mentr'egli si dissolve in pioggie.

The sanguine Sunrise, with his meteor eyes,
    And his burning plumes outspread,
Leaps on the back of my sailing rack,
    When the morning star shines dead;
As on the jag of a mountain crag,
    Which an earthquake rocks and swings,
An eagle alit one moment may sit
    In the light of its golden wings.
And when Sunset may breathe, from the lit Sea
[beneath,
    Its ardours of rest and of love,
And the crimson pall of eve may fall
    From the depth of Heaven above,
With wings folded I rest, on mine aëry nest,
    As still as a brooding dove.

That orbed maiden with white fire laden
    Whom mortals call the Moon,
Glides glimmering o'er my fleece-like floor,
    By the midnight breezes strewn;
And wherever the beat of her unseen feet,
    Which only the angels hear,
May have broken the woof, of my tent's thin roof,
    The stars peep behind her, and peer;
And I laugh to see them whirl and flee,
    Like a swarm of golden bees,
When I widen the rent in my wind-built tent,
    Till the calm rivers, lakes, and seas,
Like strips of the sky fallen through me on high,
    Are each paved with the moon and these.

I bind the Sun's throne with a burning zone
    And the Moon's with a girdle of pearl;
The volcanos are dim and the stars reel and swim
    When the whirlwinds my banner unfurl.
From cape to cape, with a bridge-like shape,
    Over a torrent sea,
Sunbeam-proof, I hang like a roof –

III

Quando la stella del mattino sfavilla morente, l'aurora sanguigna, coi suoi occhi di meteora e le sue ali ardenti distese, monta sul dorso del mio veleggiante, mentre sul cocuzzolo d'una rupe montana, che un terremoto scuote e fa vacillare, un aquila discesa un istante posa nella luce delle sue ali dorate. E quando il tramonto respira, dal mare stesogli sotto, infuocato i suoi ardori di riposo e d'amore, e il rosso sudario della sera cade dal cielo profondo, alto, io, coll'ali ripiegate, dormo sul mio nido aereo come una colomba covante.

IV

Quella vergine sfera che i mortali chiamano la luna, rivestita d'un fuoco candido trascorre scintillando sul mio suolo di lana, sparpagliato dalle brezze notturne; e, dovunque l'orma dei suoi piedi invisibili, che solo gli angeli possono udire, abbia rotto la trama del soffitto rado della mia tenda, le stelle le appaiono dietro e guardano curiose. Ed io sorrido a vederle rotare e fuggire come uno stormo d'api d'oro, quando allargo la fessura della mia cortina costrutta dal vento, finché i fiumi tranquilli i laghi e i mari sono, come strisce del cielo cadute attraverso me dall'alto, tutti ricoperti dalla luna e da esse.

V

Io fascio il trono del sole con una zona di fuoco e quel della luna con una cintura di perla; i vulcani s'infoscano e le stelle vacillano e fluttuano quando i turbini spiegano la mia bandiera. Da promontorio a promontorio, colla forma d'un ponte, io, come un tetto fermando i raggi del sole, sovrasto a un mare impetuoso: e le montagne fan da colonne. La vol-

    The mountains its columns be!
The triumphal arch, through which I march
    With hurricane, fire, and snow,
When the Powers of the Air, are chained to my chair,
    Is the million-coloured Bow;
The sphere-fire above its soft colours wove
    While the moist Earth was laughing below.

I am the daughter of Earth and Water,
    And the nursling of the Sky;
I pass through the pores, of the ocean and shores;
    I change, but I cannot die –
For after the rain, when with never a stain
    The pavilion of Heaven is bare,
And the winds and sunbeams, with their convex
[gleams,
    Build up the blue dome of Air –
I silently laugh at my own cenotaph,
    And out of the caverns of rain,
Like a child from the womb, like a ghost from the
[tomb,
    I arise, and unbuild it again. –

ta trionfale attraverso cui io cammino con uragano, fuoco e neve, quando le potenze dell'aria sono incatenate al mio seggio, è l'arco dai mille colori. Sopra, la sfera del fuoco intesseva le sue tinte tenere; mentre, sotto, la terra umida rideva.

VI

Io sono la figlia della terra e dell'acqua e la prediletta del cielo; io passo per i pori dell'oceano e delle spiagge; mi muto, ma non posso morire. Infatti, dopo la pioggia, quando il padiglione del cielo è terso senza una sola macchia e i venti ed i raggi del sole, costruiscono in alto la cupola azzurra dell'aria, io rido silenziosamente del mio cenotafio e, come un fanciullo dall'utero, come un fantasma dalla tomba, risorgo fuori dalle caverne della pioggia e distruggo questa cupola ancora.

Percy Bisshe Shelley
1792-1823

Song of Pan

From the forests and highlands
   We come, we come,
From the river-girt islands
   Where loud waves were dumb
     Listening my sweet pipings.
        The wind in the reeds and the rushes,
        The bees on the bells of thyme,
        The birds in the myrtle bushes,
        The cicadæ above in the lime,
          And the lizards below in the grass,
Were silent as even old Tmolus was,
     Listening my sweet pipings.

Liquid Peneus was flowing –
   And all dark Tempe lay
In Pelion's shadow, outgrowing
   The light of the dying day,

   Speeded with my sweet pipings.
      The sileni and sylvans and fauns
      And the nymphs of the woods and the waves,
   To the edge of the moist river-lawns
   And the brink of the dewy caves,
     And all that did then attend and follow
Were as silent for love, as you now, Apollo,
     For envy of my sweet pipings.

I sang of the dancing stars,
   I sang of the dædal Earth,
And of Heaven, and the giant wars,
   And Love and Death and Birth;

Inno di Pan

from the forests and highlands

Da foreste e da monti
noi veniamo, veniamo;
da isole, circondate
da fiumi, dove l'onde
strepitose, ammutiscono
ascoltando la mia dolce zampogna.
Il vento tra le canne e tra i giuncheti,
l'api sulle campanule del timo,
gli uccelli sulle macchie di mortella
la cicala su, in alto, sopra il cedro,
e le lucertole, abbasso, nell'erba,
erano silenziosi come sempre
fu il vecchio Tuolo,
ascoltando la mia dolce zampogna.
Il Peneo fluiva
limpido e tutta Tempe
giaceva oscura all'ombra
del Pelio, sovrastante
alla luce del giorno che moriva
cacciato dalla mia dolce zampogna.
Tutti i Sileni i Fauni ed i Silvani
tutte le Ninfe dei boschi e dell'onde
al margin di radure ove son fiumi,
alla soglia di grotte rugiadose
e tutto ciò cui attendevan essi,
erano silenziosi dall'amore –
come tu ora, Apollo,
dall'invidia alla mia dolce zampogna.
Cantavo delle stelle
danzanti, della terra
dedalea e del cielo,
delle guerre ai Giganti,
dell'amore, del nascer, della morte.

And then I changed my pipings,
Singing how, down the vales of Mænalus
I pursued a maiden and clasped a reed.
Gods and men, we are all deluded thus! –
It breaks in our bosom and then we bleed;
They wept as, I think, both ye now would,
If envy or age had not frozen your blood,
At the sorrow of my sweet pipings.

Ed allora mutai
il suono della mia dolce zampogna
cantando come giú per la vallata
del Menalo inseguii una fanciulla
e strinsi a me una canna: Dei e uomini,
noi siam tutti delusi in questo modo;
ci si rompe nel petto e sanguiniamo
Piangevan tutti – e credo che anche voi
ora, se invidia o età non han gelato
il vostro sangue
alla tristezza della mia zampogna.

To Night

Swiftly walk o'er the western wave,
    Spirit of Night!
Out of the misty eastern cave
Where, all the long and lone daylight
Thou wovest dreams of joy and fear,
Which make thee terrible and dear,
    Swift be thy flight!

Wrap thy form in a mantle grey,
    Star-inwrought!
Blind with thine hair the eyes of Day,
Kiss her until she be wearied out –
Then wander o'er city and sea and land,
Touching all with thine opiate wand –
    Come, long-sought!

When I arose and saw the dawn
    I sighed for thee;
When Light rode high, and the dew was gone,
And noon lay heavy on flower and tree,
And the weary Day turned to his rest,
Lingering like an unloved guest,
    I sighed for thee.

Thy brother Death came, and cried
    "Wouldst thou me?"
Thy sweet child Sleep, the filmy-eyed,

Alla notte

I

Cammina velocemente sull'onda occidentale, Spirito
della notte! Fuori delle tue nebbiose caverne orientali,
dove durante la lunga e solitaria luce diurna, tu tessi
sogni di gioia e di paura che ti fanno terribile e caro,
Sia veloce il tuo volo!

II

Avvolgiti in un mantello grigio, intessuto di
stelle!
Accieca coi tuoi capelli gli occhi del
Giorno; baciala finché sia stanca, poi
vagola sulla città, sul mare, sulla terra
sfiorando tutto colla tua bacchetta soporifera –
vieni, cercata a lungo!

III

Quando io sorsi e vidi l'alba, sospirai per te:
quando la luce sorse alta e la rugiada fu
scomparsa ed il mezzogiorno giacque
pesante sul fiore e sull'albero, ed il fasti-
dioso giorno ritornò al suo riposo, languido come
un ospite non amato, io sospirai per te.

IV

La tua sorella, la Morte, venne e pianse, mi
vorresti? Il tuo dolce fanciullo il Sonno,

Murmured like a noontide bee,
"Shall I nestle near thy side?
Wouldst thou me?" and I replied,
    "No, not thee!"

Death will come when thou art dead,
    Soon, too soon –
    Sleep will come when thou art fled;
Of neither would I ask the boon
I ask of thee, belovèd Night –
Swift be thine approaching flight,
    Come soon, soon!

[...]

dall'occhio, membranoso, mormorava
com'un'ape al meriggio, poss'io
fermarmi al tuo fianco? Mi vorresti? Ed
io rispondo, no, non tu!

v

La Morte verrà quando tu sarai morta, presto,
troppo presto — il sonno verrà quando tu sarai
fuggita; A nessuno vorrei domandare il favore
che domando a te, amata notte – sia
veloce il tuo volo avvicinantesi, viene presto,
presto!

To a Sky-Lark

Hail to thee, blithe Spirit!
  Bird thou never wert –
That from Heaven, or near it,
  Pourest thy full heart
In profuse strains of unpremeditated art.

Higher still and higher
  From the earth thou springest
Like a cloud of fire;
  The blue deep thou wingest,
And singing still dost soar, and soaring ever singest.

In the golden lightning
  Of the sunken Sun –
O'er which clouds are brightning,
  Thou dost float and run;
Like an unbodied joy whose race is just begun.

The pale purple even
  Melts around thy flight,
Like a star of Heaven
  In the broad day-light
Thou art unseen, – but yet I hear thy shrill delight,

[...]

All the earth and air
  With thy voice is loud,
As when Night is bare
  From one lonely cloud
The moon rains out her beams – and Heaven is
                                    [overflowed.

What thou art we know not;
  What is most like thee?

A un'allodola

Saluto, gaio spirito! Non fosti mai un uccello, tu, che dal cielo o vicino ad esso sfoghi il tuo cuore gonfio profondendo canti con arte improvvisa.

Piú alto, ancora, piú alto, tu balzi dalla terra come una nube di fuoco; aleggi per l'azzurro profondo; cantando t'innalzi ancora e innalzandoti canti.

Nei lampi d'oro avrai del sole affondato, su cui risplendono nuvole, tu fluttui e ti precipiti come una gioia incorporea, nata ora soltanto.

La pallida nera porpurea dilegua intorno al tuo volo; come una stella del cielo, tu sei invisibile nella luce chiara del giorno, ma io odo ancora i tuoi trilli gioiosi, acuti come i raggi di quella sfera d'argento, la cui lampada intensa vanisce nella purezza serena dell'alba, finché noi la vediamo a pena ma sentiamo che è là.

Tutta la terra e l'aria echeggiano della tua voce, come, quando è discesa la notte, la luna piove i suoi raggi da una nube solitaria e il cielo ne è mondato.

Ciò che tu sia noi non lo sappiamo; qual cosa ti assomiglia di piú? Dalle nubi dell'iride non colano gocce cosí splen-

From rainbow clouds there flow not
   Drops so bright to see
As from thy presence showers a rain of melody.

Like a Poet hidden
   In the light of thought,
Singing hymns unbidden,
   Till the world is wrought
To sympathy with hopes and fears it heeded not:

Like a high-born maiden
   In a palace-tower,
Soothing her love-laden
   Soul in secret hour,
With music sweet as love – which overflows her bower:

Like a glow-worm golden
   In a dell of dew,
Scattering unbeholden
   Its aerial hue
Among the flowers and grass which screen it from the
                                                   [view:

Like a rose embowered
   In its own green leaves –
By warm winds deflowered –
   Till the scent it gives
Makes faint with too much sweet these heavy-winged
                                                   [thieves:

Sound of vernal showers
   On the twinkling grass,
Rain-awakened flowers,
   All that ever was
Joyous, and clear and fresh, thy music doth surpass.

Teach us, Sprite or Bird,
   What sweet thoughts are thine;
I have never heard
   Praise of love or wine
That panted forth a flood of rapture so divine:

dide come dalla tua presenza si spande una pioggia di melodia.

Tu sei simile a un poeta che, nascosto nella luce del pensiero, canta inni ispirati finché gli uomini son costretti a condividere speranze e timori che prima non curavano:

sei simile a una fanciulla nobile che, nella torre d'un palazzo, allevia, in un'ora segreta, la sua anima oppressa dall'amore, con musica dolce come l'amore che trabocca dal suo verone: a una lucciola dorata che in una valletta rugiadosa, sparge senza farsi scorgere, i suoi colori aerei, tra i fiori e l'erba che la celano alla vista:

a una rosa richiusa nelle sue foglie verdi, sfiorata dai venti tiepidi, finché il suo profumo si sperde per la troppa dolcezza di questi ladri alati.

Crepitio d'acquazzoni primaverili sull'erba scintillante, fiori ridestati dalla pioggia, tutto ciò che fu sempre gioioso, fresco, sereno, la tua musica supera tutto.

Dicci, spirito o uccello, quali dolci pensieri sono i tuoi: io ho mai udito lode d'amore o di vino che palpitasse da un'onda d'estasi tanto celeste.

> Chorus Hymeneal
>   Or triumphal chaunt
> Matched with thine would be all
>   But an empty vaunt,
> A thing wherein we feel there is some hidden want.
>
> What objects are the fountains
>   Of thy happy strain?
> What fields or waves or mountains?
>   What shapes of sky or plain?
> What love of thine own kind? what ignorance of pain?
>
> With thy clear keen joyance
>   Languor cannot be –
> Shadow of annoyance
>   Never came near thee;
> Thou lovest – but ne'er knew love's sad satiety.
>
> Waking or asleep,
>   Thou of death must deem
> Things more true and deep
>   Than we mortals dream,
> Or how could thy notes flow in such a crystal stream?
>
> We look before and after,
>   And pine for what is not –
> Our sincerest laughter
>   With some pain is fraught –
> Our sweetest songs are those that tell of saddest thought.
>
> Yet if we could scorn
>   Hate and pride and fear;
> If we were things born
>   Not to shed a tear,
> I know not how thy joy we ever should come near.
>
> Better than all measures
>   Of delightful sound –

Coro nuziale o canto trionfale pareggiati al tuo sarebbero solo una vanteria vuota, una cosa in cui noi sentiremmo qualche mancanza occulta.

Quali oggetti son le fonti del tuo canto felice? Quali prati, quali onde, quali montagne?

Quali linee di cielo o di pianura? Quale amore della tua specie? Quale ignoranza di dolore?

Con la tua gioia acuta, serena, tu non puoi languire: mai ti s'avvicinò un'ombra di noia: tu ami, ma mai conoscesti la triste sazietà d'amore.

Vegliando o dormendo tu devi pensare sulla morte cose piú vere e profonde che noi mortali non sogniamo: oh, come potrebbero altrimenti le tue note scorrere in tale flutto cristallino?

Noi ci guardiamo innanzi e indietro e, per questo, non mettiamo un sospiro: il nostro riso piú sincero è accompagnato da qualche sofferenza: i nostri canti piú dolci son quelli che dicono del pensiero piú triste.

Anche se noi potessimo sprezzare odio, superbia e paura, se fossimo esseri nati a non spargere una lacrima non so come potremmo mai avvicinarci alla tua gioia.

O sprezzatore della terra la tua arte di poeta sarebbe, mi-

> Better than all treasures
>   That in books are found –
> Thy skill to poet were, thou Scorner of the ground!
>
> Teach me half the gladness
>   That thy brain must know,
> Such harmonious madness
>   From my lips would flow
> The world should listen then – as I am listening now.

gliore di tutte le armonie di suono delizioso, migliore di tutti i tesori che troviamo nei libri!

Insegnami solo mezza la contentezza che la tua mente deve conoscere, e tale follia armoniosa uscirà dalle mie labbra che gli uomini ascolteranno com'io t'ascolto ora.

20 – Agosto – 1924

Arethusa

Arethusa arose
From her couch of snows
In the Acroceraunian mountains, –
From cloud and from crag,
With many a jag,
Shepherding her bright fountains.
She leapt down the rocks,
With her rainbow locks
Streaming among the streams; –
Her steps paved with green
The downward ravine
Which slopes to the western gleams;
And gliding and springing
She went, ever singing,
In murmurs as soft as sleep;
The Earth seemed to love her,
And Heaven smiled above her,
As she lingered towards the deep.

Then Alpheus bold,
On his glacier cold,
With his trident the mountains strook;
And opened a chasm
In the rocks – with the spasm
All Erymanthus shook.
And the black south wind
It unsealed behind
The urns of the silent snow,
And earthquake and thunder

Aretusa

I

Aretusa sorse
dal suo letto di nevi
in mezzo alle montagne Acroceraunie, –
da nuvole e da rupi,
frastagliate di punte,
pascolando le sue fonti splendenti.
Saltò giú dalle rocce
coi capelli iridati
che scorrevano in mezzo alle correnti.
Coi passi stampò in verde
il burrone cadente
che si dichina ai raggi occidentali:
e sgusciando e balzando
venne cantando sempre,
con mormorii leggeri come il sonno.
La Terra pareva l'amasse,
e il Cielo sul suo capo sorrideva
mentre ella s'indugiava verso il mare.

II

Allora Alfeo audace
dal suo ghiacciaio gelido
percosse le montagne col tridente,
aprí una fenditura
nelle rocce: – e di spasimo
tutto l'Erimanto rabbrividí.
Egli nascose il vento
fosco, del meridione
dietro le urne di neve silenziose
e terremoto e tuono

			Did rend in sunder
		The bars of the springs below.
			And the beard and the hair
			Of the River-god were
		Seen through the torrent's sweep,
			As he followed the light
			Of the fleet nymph's flight
		To the brink of the Dorian deep.

			"Oh, save me! Oh, guide me!
			And bid the deep hide me,
		For he grasps me now by the hair!"
			The loud Ocean heard,
			To its blue depth stirred,
		And divided at her prayer;
			And under the water
			The Earth's white daughter
		Fled like a sunny beam;
			Behind her descended
			Her billows, unblended
		With the brackish Dorian stream: –
			Like a gloomy stain
			On the emerald main
		Alpheus rushed behind, –
			As an eagle pursuing
			A dove to its ruin
		Down the streams of the cloudy wind.

			Under the bowers
			Where the Ocean Powers
		Sit on their pearlèd thrones;
			Through the coral woods
			Of the weltering floods,

spaccarono nel mezzo
le chiuse delle fonti sottostanti.
I capelli e la barba
del Dio del Fiume allora
si videro attraverso la corrente,
mentr'egli inseguiva la luce
della fuga veloce della Ninfa
fino sull'orlo dell'abisso Dorico.

III

«Oh salvami oh guidami!
fa che il mare mi accolga!
– ché egli mi afferra ora per le chiome!»
L'Oceano fondo udí,
mosse il suo abisso azzurro,
e si divise e quella sua preghiera;
e, sott'acqua, la bianca
figliuola della terra,
come un raggio di sole, si gettò;
dietro di lei discesero
tutti i suoi flutti puri
nella corrente amara del Mar Ionio
Come una macchia buia
sullo smeraldo immenso
Alfeo le si precipitò alle spalle,
un'aquila inseguente
una colomba fino alla rovina
dentro i flutti di nuvole ventose.

IV

E sotto i pergolati
dove in troni di perla
siedono le Potenze dell'Oceano;
per boschi di corallo
Ora i flutti avvoltolantisi;

Over heaps of unvalued stones;
   Through the dim beams
   Which amid the streams
Weave a network of coloured light;
   And under the caves,
   Where the shadowy waves
Are as green as the forest's night: –
   Outspeeding the shark,
   And the sword-fish dark,
Under the Ocean's foam,
   And up through the rifts
   Of the mountain clifts
They passed to their Dorian home.

   And now from their fountains
   In Enna's mountains,
Down one vale where the morning basks,
   Like friends once parted
   Grown single-hearted,
They ply their watery tasks.
   At sunrise they leap
   From their cradles steep
In the cave of the shelving hill;
   At noontide they flow
   Through the woods below
And the meadows of asphodel;
   And at night they sleep
   In the rocking deep
Beneath the Ortygian shore; –
   Like spirits that lie
   In the azure sky
When they love but live no more.

sopra ammassi di pietre inestimabili;
dentro i raggi piú leni
che in mezzo alle correnti
tesson reti di luce e di colori;
e sotto le caverne
dove le onde oscurate
son verdi come notte di foresta:
superando lo squalo
e il pescespada fosco, –
sotto schiume d'ondate dell'oceano
e su, lungo gli spaccati
delle balze montane, –
– essi passarono alla lor dimora

V

Ed ora dalle fonti
tra le montagne d'Enna,
giú da una valle ove al mattino è al sole,
come amici divisi
divenuti di un cuore
compiono la loro opera colle onde.
All'aurora essi balzano
dalle culle scoscese
tra le caverne del colle declive;
nel meriggio trascorrono
giú a valle per i boschi
lunghesso le radure d'asfodelo;
e a mezzanotte dormono
nel dondolante abisso
sotto la spiaggia Ortigia, –
come spiriti immobili
nell'azzurro del cielo
che s'amano ma non vivono piú.

13 ott. '28

Appendice II

Si sono poste tra parentesi quadre le poche ricostruzioni e il segno [...] indica una lacuna nel manoscritto.

Frammenti di traduzione da «La sensitiva» di Shelley:

Cresceva in un giardino una Pianta Sensitiva
ed i giovani venti la nutrivano di rugiada d'argento;
ed essa apriva i ventagli delle sue foglie alla luce,
e li richiudeva sotto i baci della Notte.

La Primavera sorse sul giardino gentile
come lo Spirito d'Amore sentito in ogni luogo
e ciascun fiore ed erba sul seno oscuro della terra
sorse dai sogni del suo riposo invernale.

Ma nessuno mai tremò e palpitò di gioia
nel giardino, nel campo o nella solitudine,
simile a una daina nel meriggio al suo dolce desiderio d'amore,
come la solitaria Pianta Sensitiva,

Il bucaneve, e poi la violetta,
sorsero dal suolo bagnato di tiepida pioggia
e il loro respiro si nasceva al fresco profumo esalato
dalla zolla, come la voce e lo strumento.

Allora gli anemoni screziati e gli alti tulipani
e i narcisi, i piú belli tra tutti,
che guardano i loro occhi nei recessi della corrente
finché muoiono per la loro stessa cara bellezza;

e il giglio della valle, simile a una Naide,
che la giovinezza fa tanto bello e la passione tanto pallido
che la luce delle sue tremule campanule si scorge
attraverso i loro teneri calici di verde;//

e il giacinto purpureo e bianco e azzurro

APX 36, c.13r e v, a inchiostro nero, anepigrafo. Sulla stessa carta segue schema di film riferibile alla prima novella della *Trilogia delle macchine* (luglio 1928).

Esercizio critico su San Francesco e Shelley:

Dante ha tracciato la Povertà, che è mezzo: lo scopo è la Letizia. In quel secolo di lotte feroci, infiniti erano i miserabili, gli umili S. Francesco se li conciliò tutti colla sua parola, come fece Cristo. Nei secoli di decadenza sorse sempre uno di questi che parlò al cuore non lottò.

S. Francesco mirava alla letizia, la povertà non era che il mezzo, l'essenziale per giungervi. In quel secolo di odi di lotte feroci infinito era il numero dei sofferenti, abbandonati da tutti. La Chiesa era tarlata dalle eresie, dilaniata dalle lotte, piena di ecclesiastici indegni. Le moltitudini si sentivano rispondere che il solo vero bene era dopo la morte, soffrissero quindi in santa pace le debolezze dei prelati: la vita non era che una prova. Ma, per conciliarsi l'animo degli umili, dei miseri, nulla vale di piú che lo scendere al loro livello, trattarli da pari, dir loro semplicemente le parole che sorgono dal cuore. S. Francesco tutti l'ascoltarono, lo seguirono perché fece cosí. Se la religione di Cristo conquistò il mondo lo deve alla dolcezza con cui il Maestro la predicò. Cristo si rivolse a quella parte dell'anima umana che domanda (il) bene, la esortò a lungo, pazientemente, soffrendo e mai rivoltandosi e trionfò. Ma quando Costanzo condannò a morte il primo pagano, che non voleva abbracciare la nuova religione, qui comincia la decadenza del Cristianesimo.

Tutto ciò che è ottenuto colla forza, colla violenza, cade appena l'oppresso può rialzare il capo. Soltanto ciò che si fa preferire liberamente all'uomo può durare: l'esteriore, le religioni si susseguono cadono solo l'aspirazione, che ha mosso l'uomo a crearle, rimane. Come è caduto il Paganesimo, cadrà il Cristianesimo, essi sono vestiti che gli uomini indossano e mettono secondo le vicende esteriori. Quando il cuore, l'anima sono contenti non richiede altro.

Cristo e S. Francesco lo compresero bene. Il primo fu il fondatore della nuova religione, sopra la corruzione Romana, il secondo il conservatore sopra la corruzione della Chiesa stessa. E per far questo S. Francesco cercò un conforto nella Natura. Nel grigiore sanguigno degli ultimi secoli del Medioevo la religione primitiva, tutta d'amore che poneva la vera vita nella tranquillità serena d'un'esistenza semplice era divenuta un astrazione spasmodica, un egoismo celato nella contemplazione forzata del cosí detto «primo amore». Alla fine del '200 S. Domenico ribadí ancora il concetto colla fondazione del suo ordine orribile, in cui se si scendeva talvolta dalle vette gelide d'un ascetismo cristallizzato, lo si faceva per costringere alla fede di Cristo, chi facesse a meno d'un simile cilicio (il guscio).

S. Francesco aborrí tutto questo. Vide che la decadenza era causata dalla ricchezza. Credette di comprendere che tutte le miserie, le sciagure dell'umanità sorgessero dalla differenza di classi e bandí la nuova parola «Lasciate tutto e seguite poveramente Dio». Allora, negli umili la fede era vivissima, il Santo li invitò a una nuova vita, a un nuovo amore del Dio in mezzo alla natura.

E tutti lo seguivano.

L'utopia solita della pace, dell'uguaglianza perfetta, della felicità senza far nulla, che solo questa volta, molti accettarono perché in fondo era lo spirito del Cristianesimo. E Dante nella vita di S. Francesco tralasciò questa letizia perché la sua mente cercava la lotta, l'azione, che fu il motto dei tempi moderni.

Se alla fine del dodicesimo secolo il sentimento francescano mise radici, potrebbe rimetterle ora un sentimento simile? Ormai tutto è mutato: la fede che, ai tempi di S. Francesco, era ardente, ora è morta, il desiderio di riposo, se persiste ancora sulle ossa, è tormentato sospinto dalla febbre dei tempi nuovi, della scienza;

L'unico che ancora si levò sul mondo, come l'umile frate, cercando l'amore, la pace, in mezzo alla natura nell'uguaglianza perfetta, nell'assenza d'ogni male, d'ogni dolore, non fu ascoltato in vita da nessuno. Fu Percy Bisshe Shelley. I due appaiono molto diversi per la distanza dei tempi, ma il fondo, è uguale.

S. Francesco lodava Dio nella Natura, lo Shelley la lodava in sé stessa. Il Primo trovò redenti che accolsero la sua parola ispirata, il secondo si trovò innanzi l'ultima ipocrisia religiosa o il sogghigno di sprezzo degli scettici.

Anche lo Shelley sognò per l'uomo la dimora gioiosa nell'universo, nella libertà piú assoluta che sempre l'anima umana comanda. S. Francesco invidiava le rondini della loro sorte felice, Percy restava assorto rapito al canto di un'allodola «Che tu sia noi non lo sappiamo». Gli uomini savi, posati li chiamano ambedue pazzi, sognatori di una felicità irraggiungibile. Ma se nella vita non vi fossero istanti in cui si è pazzi non varrebbe la pena d'esistere.

Dal grigiore del suo secolo barbaro, il Santo si leva straziato dai lamenti del suo popolo e un'onda di tenerezza gli gonfia il cuore, gli fa chiamare fratello innanzi a Dio ogni essere che lo circonda.

«Laudato sii, mi signore | cum tucte le tue creature
e spet [tialmente messer lo frate sole...]
Laudato sii, mí signore»

Ad ogni ripresa del versetto un nuovo essere entra nella lode universale e il Santo la leva, nella sua fede semplice, al Dio che gli ha creato tutto, anche il cuore, che può confondersi in quella gioia. Levata a questo delirio la mente dell'umile frate, piú non comprende come sulla terra si possano dimenticare le parole di Cristo agli uomini, la voce che parlò sempre amore.

Laudato sii, grida, per quelli che perdonano per questo amore che tu altissimo li incoronerai in cielo.

È una fede viva, semplice che dice tutta l'esistenza umile, e pietosa del frate, tutti i suoi sacrifici, mossi dalla bontà adorata nel suo Dio.

In Dante manca ciò che è l'essenziale.

C'è la povertà che non è altro se non il mezzo per giungere alla letizia (in mezzo alla natura).

S. Francesco fu cosí seguito perché disse questo a credenti (il secolo).

Erano trattenuti da nessun['] occupazione.

E Dante lasciò questa letizia perché voleva il brigare («*non siete bruti*»)

È sempre una predicazione di poltroneria.

Anche Shelley voleva questa. La sua era la poltroneria senza la visione dell'al di là.

E S. Francesco si disperava per il male degli uomini a Dio.

Shelley per il male degli uomini dalle sue come, Cantico del Sole, Poetical Works.

Ma questo è giudicato follia, utopia.

La vita giornaliera non lo comporta piú.

Se S. Francesco fu ascoltato nel XIII secolo, lo Shelley non lo fu piú nel XIX.

Oramai altri tempi sono sottentrati.

Sono cadute le religioni, ma potremo dire altrettanto dello spirito che le ha fatte nascere?

Quando la scienza sarà riuscita a togliere all'uomo (anche) il suo cuore? Quando mi potrà impedire di piangere al pensiero (ricordo) delle notti del deserto dell'angoscia osa che strinse il cuore di Cristo, quel gran cuore umano indiato dagli uomini?

Quando mi potrà impedire di dimenticare coll'umile frate, in mezzo alla natura, che l'esistenza che l'uomo si è creata è un egoismo infinito, un'orribile prigione?

Nel racconto di Dante della vita di S. Francesco d'Assisi fu tralasciato quello che ne fu l'elemento caratteristico, essenziale. Infatti il Poeta ci fa sapere alquanto artificiosamente che la Povertà fu in terra il grande amore del Santo. Ora questo non è il vero:

S. Francesco giudicò la Povertà universale come il solo mezzo per raggiungere una felicità terrena, la letizia.

La sua letizia doveva essere un amore armonioso di tutte le cose viventi e delle inamimate: l'amore a Dio attraverso la sua opera. Per giungere a questo occorreva cancellare le differenze di classe, fare i ricchi simili ai poveri, togliere ogni motivo di lotta: Gli umili, i miserabili, infiniti in quel secolo di lotte feroci, abbandonati da tutti accolsero come una rivelazione le parole semplici ispirate del Santo. Erano tempi di fede viva: la vita di devozione che S. Francesco predicava, veniva accettata con entusiasmo.

Nei primi anni dello scorso secolo un'azione, come quella che esercitò S.F[rancesco] nel '200 non era piú possibile. Chi avrebbe creduto alla predicazione di un sentimento religioso che ormai la scienza aveva superato?

E lo Shelley era cosciente di questo. Se anche nelle Restaurazioni levò gli ultimi guizzi convulsi la fiamma che aveva arsa per il mondo tanti secoli, era troppo alto lo spirito del poeta inglese per non comprendere come ciò fosse passeggero. Ma se lo Shelley fu sciolto da ogni forma esteriore di religione il suo misticisimo non ebbe forse uguali. Forse, quello di S. Francesco d'Assisi.

La poesia dello Shelley fu ai suoi tempi definita «satanica». Pochissimi la degnavano del resto d'un occhiata. Egli morí e pochi decenni dopo lo giudicarono terzo tra gli inglesi dopo Shakespeare e Milton. Io lo porrei il primo: il maggior lirico ch'abbia avuto la terra. Parrà strano il confronto di lui col fraticello d'Assisi, autore di poche Laudi. Ma nelle dieci stanze della «Laudes creaturarum» palpita tutto il cuore del poeta, sono riassunte sinceramente le aspirazioni di tutta la sua vita. Ma si dice «Tutti gli umili potevano comprendere S. Francesco. Egli non si sforzava che di parlare al loro cuore, di convincerli. È questa la sua grandezza. Mentre lo Shelley nessuno lo ha ancora compreso appieno. È vero, ma con quale altra voce avrebbe potuto proclamare i suoi ideali in quel secolo? S. Francesco predicava in nome di Dio: lo Shelley quale Dio avrebbe potuto invocare? S. Francesco era ascoltato perché parlava la parola di Dio, lo Shelley gridava alla natura le aspirazioni supreme perché non lo ascoltavano gli uomini. Infine in quel secolo di fede gli umili, i miserabili accoglievano lietamente le parole consolatrici del frate, per quanto utopiche noi le possiamo giudicare; gli ideali del[lo] Shelley chi li poteva piú approvare nel diciannovesimo secolo? Oh! Egli era degno di nascere nei primi tempi della vita di un popolo, di esserne il Prometeo, di cantarne la gioi[a] tra la natura.

È questo il suo gran punto di contatto coll'Assissiate: vivere la vita libera in mezzo alla creazione, nessun odio, piú, nessun male, infelici, non piú: tutti gioire della gioia stessa dell'universo: S. Francesco sale al Paradiso "Beati Quilli ... Badate, altissimi, sirano incoronato" allo Shelley basta l'universo, la comunione perfetta colla natura. Che la morte scenda su di me come il sonno ed io nell'aria tiepida senta gelarsi la mia guancia ed oda nel mio capo morente il respiro monotono del mare».

Il suo cuore non cercava che amore, ed appunto per questo gli uomini lo respinsero tutti. È sempre cosí: i pochi spiriti che nel mondo hanno osato lamentarsi delle condizioni accettate da tutti, vennero solo perseguitati.

p. 214, r. 8: abbandonati da tutti] che tutti cacciavano *in interlinea*
p. 214, r. 16: Cristo] Egli *in interlinea*
p. 214, r. 36: era] è *in interlinea*
p. 216, r. 35: angoscia] tenerezza *in interlinea*
p. 216, r. 36: indiato] gonfiò *in interlinea*
p. 216, r. 40: fu] è *in interlinea*
p. 217, r. 16: arsa] illuminato *in interlinea*

FE-2-4, cc. 3r-6r, 7r-8v, a inchiostro nero, senza data.

Esercizio critico su Carducci e Shelley:

Giosuè Carducci è con Shakespeare, Dante, Leopardi ed altri forse ancora che non ricordo il poeta che piú leggo e ammiro e si che, di poeti, io ne ammiro molti anche leggendone pochi. I miei esercizi originali di lingua li voglio ora fare parlando di lui e ispirandomene.

Anzitutto è meraviglioso nella sua opera (per il poco che ne conosco finora) l'armonia tra idea ed espressione. Il suo stile cioè la sua arte è schiettamente classico; ed egli ha sempre fissa nella mente Roma: la città eterna modificata dal pensiero moderno è il suo ideale. Modificata, nel senso che il Carducci, come esprime bene nella chiusa della IV Ode del I Libro, non vuole piú la Roma imperiale, la Roma che fa gli schiavi nelle incessanti guerre ai confini, ma una Roma, centro del movimento democratico, di progresso, di giustizia e di libertà.

E canta, esaltato, il trionfo della terza Roma su tutto ciò che sa di tirannide.

Questo è il grande ideale che fa del nostro poeta il riassunto, di tutti i nobilissimi ideali sociali dell'ultimo secolo e, insieme, del movimento nazionale del Risorgimento. Il De Sanctis, ciò che fa dell'opera di ciascun autore nella storia del mondo lo fa anche dalle singole opere di un autore nella storia di questo autore.

Ma il suo non era che un ideale e fin troppo ideale. Ai molti generosi, agli entusiasmi mazziniani e garibaldini, era successa l'Italietta, splendido esempio della riuscita della maggior parte degli ideali, che son sistemi, costruiti, la maggior parte delle volte, puramente d'aria e che all'attrito della realtà, della materia, van giú come botti scerchiate. In Italia, poi, abbondano in special modo gli ideali perché, tra gli altri beni, abbiamo un gran cielo e molt'aria buona.

Cosí l'Italia vincente la «Rubesta Libertà coronata alto da l'arte» svanirono come soavi sogni mattutini, che lasciano un terribile rimpianto di esser svegli.

E la poesia del Carducci accentua allora il tono pessimistico che qua e là aveva già fatto capolino, poiché bisogna sapere che con tutte le sue aspirazioni, coi suoi entusiasmi, colle sue fedi nella libertà, nella giustizia, nel bene insomma, questo gran poeta del Risorgimento aveva istanti di nero pessimismo,

Il fondo, l'idea centrale è uno in tutta l'opera, va bene, ma a tratti sui suoi canti ispirati passano come folate rabbiose, cadono come ombre, e ne escono elegie, imprecazioni, che sono pure parte vitale di quest'opera. Molte tra le sue poesie migliori, cioè piú prendono al cuore e piú esaltano, sono di quest'ultimo genere.

E la schiettezza con cui il Carducci confessa la nullità del tutto, cioè la mancanza di Dio, fa di lui uno dei poeti piú sinceri.

Quando sopraggiungono gli istanti di tedio, di sconforto egli non li passa sotto silenzio, per salvare intatto il suo sistema politico e il sociale, fatti di fede: ma li confessa apertamente, con tutto il cuore, sí che tocca piú che mai il cuore del lettore.

Del pessimismo Carducciano ho trovato due fasi. La prima la giovanile, per il poco che ne conosco, riempie il cuore del poeta al pensiero della viltà presente o è una malinconia che lo prende in mezzo a una natura morta, come d'inverno, di notte.

La seconda fase è piú filosofica e piú rassegnata. Il Carducci sa di non essere che una scintilla presto spenta della vita immortale, ma non impreca. È una poesia di aspirazioni, ma insieme di nostalgie. Ne trattano specialmente le «Nuove Odi Barbare». La caratteristica di questa nuova fase sta nella contemplazione pacata della caducità umana fatta in mezzo alla natura. Ottimi esempi ne sono «Sul monte Mario» il «Canto di Marzo».

Tutto questo c'ho detto però, non s'intende assoluto. Come anteriormente alla «N.O.B» era già apparso quest'ultimo pessimismo di rassegnazione che dice «Via, godiamo almeno di quel poco di bene onesto offertoci dalla Natura» (cfr. «Sull'Adda»), cosí nelle «Nuove Odi Barbare» s'incontra un pessimismo disperato che fugge a consolarsi in Grecia o in Roma (cfr. «Leggendo Marlowe»)

Talvolta, inoltre, in un solo componimento, s'incontrano, fondendosi in un sublime oblio i pensieri opposti che si contendono la mente del poeta, sí che la tempia arde nell'entusiasmo dell'ideale e il cuore sanguigna nella convinzione che tutto è una nuvola, bella, fluida, ma non altro che vapore acqueo in balia della temperatura e dei venti.

Il miglior esempio di quest'atteggiamento della poesia Carducciana è forse l'elegia «Presso l'urna di Percy Bisshe Shelley».

Qui appaiono molti degli aspetti di questa poesia meravigliosa. Il rifugiarsi a vivere nel passato, ché il presente val nulla; l'evocazione, in pochi tratti, di figure morte, e delle loro imprese; l'aspirazione alle gesta epiche gloriose, in Sigfrido, Achille, Ettore, Rolando e insieme, alla pace, alla pietà illimitata, cristiana, in Antigone e Cordelia; la grande potenza descrittiva che ci presenta l'isola evidente come ad esserci, pure avvolgendola d'un'atmosfera superiore epica, oltreumana; e infine la chiusa rivolta allo Shelley, qualcosa di piú che sublime, perché mentre l'anima s'innalza rapita in quel turbine di poesia, un sentimento di pietà infinita si fa strada, per lo «spirito di titano» che anch'egli ha un «*povero cuore*» come il suo Prometeo e come tutti gli uomini sfortunati.

Questo riconoscere nello Shelley lo «spirito» di Prometeo, «the chained Titan», il Titano incatenato, innalza di per sè la situazione, scolpendo in sei parole, l'immagine dolce e sensitiva, ma fiera, ribelle, del poeta inglese. E poi quella frase vigorosa «spirito di Titano» mette innanzi una figura gigantesca coi capelli al vento raddolcita dall'«entro verginee forme» ma raddolcita in modo che nulla dello Shelley è dimenticato. Quel viso reclinato, esile pallido, dagli occhi pietosi, la larga fronte bianca e i ricci che scendono fin sulle spalle!

Cosí in due versi il poeta è descritto moralmente e materialmente. Ma è cosí poco materiale la sua figura! Della vita del Grande il Carducci non fa parola, egli canta questa vita in ciò che è stato sogno del poeta, è ben poco d'altro resta da dire. Lo Shelley è vissuto in mezzo alla natura, rapito nello spettacolo sempre nuovo. Ciò che la Scienza è appena riuscita a porre in questione, non a provare, il problema della Vita Universale e Eterna, lo Shelley l'ammetteva col cuore la sentiva palpitare nella sua vita.

Amava la bellezza, come la bontà. Per lui tutti gli aspetti dell'universo erano apparenze diverse d'una sola realtà, e Amore e questa realtà era velata dal Male come da una nebbia, che appena qua e là lascia scorgere gli oggetti. Ma questa nebbia sarebbe dileguata. Nel Prometeo Liberato, canta il trionfo su di essa. Ed egli amava tutto ciò che gli appariva bello e buono. Amava il sole come amava suo padre, una nuvola come una donna, gli esseri inorganici come gli organici, gli uomini come le stelle.

Quando, abbassando gli occhi della sua contemplazione, e gettando uno sguardo sull'umanità, se la vedeva nel bello stato che la vediamo, allora gli sanguinava il cuore e i suoi versi cessavano di essere inni, diventavano elegie, visioni d'avvenire ma piene d'un dolore sovrumano, di speranze che mi fanno contento che lo Shelley sia morto nelle sue illusioni.

Dal confronto tra il suo mondo ideale e il reale uscivano lamenti e entusiasmi indicibili.

Cosí, ad esempio, nella poesia, la migliore forse di tutte le sue, «A un'allodola» egli s'innalza sul canto serotino dell'uccello, lo rende con mille immagini: lode, rimpianto, desiderio, estasi si fondono in quei versi meravigliosi, poi gli appare lo stato umano tanto triste di fronte a quello dell'allodola che «come una gioia incorporea nata ora soltanto fluttua e si precipita nei lampi d'oro del sole tramontato, su cui rifulgono nuvole.»

E allora
«Yet if we could scorn
hate and pride and fear
if we were things born
not to shade (sic) a tear
I know not how thy joy we ever should come near.»

Cosí nell'«Ode al vento Aquilonare» dopo descrizioni sublimi di quel vento, dopo preghiere come a un amico, ma un amico infinitamente piú potente, che nel suo turbine aereo purifica tutto, grida:

«O! Lift me as a wave, a leaf, a cloud!
I fall upon the thorns of life! I bleed!»

Una vita da trasognato ha dunque condotto lo Shelley, ma quale sogno il suo! Io darei non so che per viverlo, io che giro in mezzo alla campagna, annoiato dallo spettacolo, che pronuncio per la millesima volta versi che ormai mi fanno sbadigliare! E pochi o nessuno durante la sua vita compresero quel sogno. Quasi tutti lo scacciarono:

APPENDICE II

il padre lo cacciò di casa, per il matrimonio ch'egli strinse senza il suo consenso; e i giudici inglesi, strappandogli i figli, che non si voleva venissero allevati nelle sue idee eterodosse, lo costrinsero a esiliare dall'Inghilterra.

Il «poeta diabolico» lo chiamavano i pochi che, mentre fu in vita, lo lessero.

E pensare che se vi fu un uomo buono onesto caritatevole fu lo Shelley! Ma il suo nome venne rivendicato piú tardi. I pochi versi del Carducci sono la sinfonia di tutta la sua vita. Dall'ammirabile evocazione della figura, subito la mente del poeta corre al pensiero della morte di Percy, che s'accorda all'ideale di tutta la sua vita: egli è morto nel mare cercando là quello che non trovava fra gli uomini. «Dal vivo...» quest'aggettivo risuscita intiero il sentimento dello Shelley: la natura immensa egli la comprendeva viva, non inerte come ce la dà la scienza, egli riempie i suoi versi di spiriti, delle cose, tutto parla a lui, parla il linguaggio universale ch'egli solo comprende o meglio sente, traendone le sue piú alte ispirazioni «... *dal vivo complesso di Teti Sofocle a volo tolse te tra gli eroici cori.*» La morte per lo Shelley non era la fine, la notte paurosa, che fa dire al Leopardi *in eterno perimmo*»; per lui non era che un continuare nella natura, una comprensione, forse, piú profonda di quelle voci, che egli intuiva in vita.

E con un tono solenne e epico il Carducci leva lo Shelley dall'abbraccio delle onde fino alla «*bella | isola risplendente di fantasia sui mari.*» Pone cosí il poeta insieme alle creazioni degli altri poeti. Questo è un transumanarlo, è forse un troppo costruire. Ma che tono ritorna nei versi seguenti! Non conosco nulla di simile a questi.

Finora lo Shelley c'è apparso come un essere superiore, superiore in ogni senso a noi e siam restati stupiti dinanzi al sublime della concezione, ma io conosco un sentimento che supera questo del sublime, e ogni altro di cui sia capace la poesia.

È la pietà. Nulla vale quello stringersi dell'anima, quella tenerezza che pare fondere il cuore.

E il Carducci sa far vibrare potentemente questa corda intima. Qui fonde insieme il dolore della convinzione che tutto è vano e la speranza di qualcosa o in terra o altrove che trascenda il grigiore della realtà monotona e ricompensi, acqueta la coscienza. Finora, dissi, lo Shelley c'è apparso troppo al di sopra di noi, ora invece egli viene considerato, ancora nel suo sogno, si, ma col nostro cuore, col cuore umano. E che resta allora? Resta ch'egli è morto, che l'«*urna*» lo richiude «*freddo*» e la natura intorno continua il suo corso immortale.

APPENDICE II

Resta il compianto: tutti i suoi ideali son scherniti dagli uomini, come sempre accade a chi parla troppo intimamente alla falsità sociale; cadono purtroppo anche in mezzo alla natura, bellissima, che pare attenda altri per ingannarli.

«O Cuor dei cuori ... povero muto cuore»

L'apoteosi della pietà umana, che subito involontariamente, è seguita dalla compassione per le sofferenze entusiastiche e ingenue durate dal poeta.

Se risaliamo cogli occhi, non ci raccappaziamo piú. Poche righe prime: «*...spirito di titano | entro virginee forme*» ora «*povero muto cuore*». A pensarci bene, questo non è che il dilemma in cui, chi piú chi meno, ci sentiamo tutti sballottati: grandi entusiasmi per l'idea, ma a pensarci bene....?

Nel Carducci questo dramma è profondo, tragico. Abbiamo di lui l'Ode a Victor Hugo e poco dopo «Leggendo Marlowe».

Nella prima: *Canta a la nuova prole...*
nella seconda: *Ai quei pini che il vento...*

Ma qui nell'invocazione allo Shelley il tormento, sempre accorato però com'è.

O cuor dei cuori, sopra quest'urna

Qui c'è ancora lo sconforto, la natura trionfante che sopravvive all'annullamento del suo grande poeta, ma l'impressione è raddolcita dall'altra, non meno forte, del «*sole di[vino] p[adre]* che avv[olge] il *p[overo]m[uto].c[uore]* dei s.[uoi] r.[aggianti] a.[mori]» Un[']infinita pietà umana insomma, e una munificenza della natura, nella sua grandezza tanto sentita dello Shelley.

Chi ha letto qualche sua opera comprende bene la drammaticità e l'altezza del contrasto: d'intorno la primavera gioiosa, i raggi tepidi del sole, dentro l'urna, le ceneri fredde del poeta. È tanto espressivo quel «freddo»!

Quasi ci pare impossibile che il grande innamorato della natura non si risvegli a quel tripudio primaverile, alle carezze del sole, eppure lo sentiamo bene in fondo all'anima che non può essere che cosí. Che pretendere di piú? Il fato passa ed abbassa. Ed allora «povero muto cuore»!

Senza esitare io giudico questi quattro versi, i migliori del Carducci, i suoi piú ispirati. In essi, già dissi, premono diversi sentimenti: l'aspirazione a un ideale irraggiungibile sempre, il sentimento vivissimo della natura, e la pietà verso un uomo ingannato non dagli altri uomini ma dalla natura. Ed essa si presenta tanto bella, che inganna ancora il Carducci e ugualmente gli fa sperare che non tutto sia vano –

Fremono freschi i pini [*per l'aura grande di Roma:*
tu dove sei, poeta del liberato mondo?
Tu dove sei? m'ascolti? Lo sguardo mio umido fugge
oltre l'aureliana cerchia su 'l mesto piano].

Ormai l'isola delle belle degli eroi e dei poeti – affatto scordata. Il pensiero dello Shelley basta da solo a riempire il cuore e la mente e il Carducci ne è tanto preoccupato che non ricorda piú di aver posto il poeta nell'isola ma lo cerca intorno a sè, ancora nella natura insomma.

Vorrei non pensarci a questa nullità, ma che fare allora, se qualunque applicazione me la fa sentire di piú?

Ho un vuoto dentro che, comprendo bene, nulla me lo può colmare duraturamente e lo Spirito, o meglio il sistema nervoso, mi s'apre a piccole aspirazioni, noiose, incoscienti, monche, che non valgono nemmeno il tempo persovi. Che vale piú la vita senza un appoggio, una fede? Che cosa si può piú intraprendere? Nulla, nulla, nulla. Tutti i miei diletti stanno negli istanti che precedono il pranzo, nelle sere che ho ben sonno e pregusto già il fresco delizioso delle lenzuola, nella lettura di cose insignificanti. Ma non vale l'orrore dell'altra mia vita.

A poco a poco mi sono accorto e continuo ad accorgermi sempre piú chiaro che tutte le qualità peggiori sono le mie. Poi, se vedo che nella vita vi è del bello e del buono cioè del piacere gustabile in santa pace, subito erro a pensare a tutto l'altro piacere, definito volgare, morboso, ecc., ecc.,; mi domando: perché mai godere solo del primo? e la pianto a metà che non so piú andare avanti. Quel pò d'idealismo rancido nevrastico che resta in me, m'impedisce di considerare la vita nella sua realtà e di cercare idee che mi permettano di vivere un pò meglio. E cosí sto lí fermo come un pantano che a volte ha le ninfee larghe, candide, a volte le bisce e altri viscidumi che guizzano per il limo nero e piú spesso tutto mischiato insieme. Ed ecco un altro pensiero che mi guasta quel pò di fantasticare dolce che ho fatto, le ninfee con tutto il loro candore son sorte anch'esse dal limo e continuano a poggiarvisi a trarsu nutrimenti.

Un pensiero che mi tortura di continuo e mi fa impotente a lottare per un ideale, che del resto non riesco a trovare è quello che l'universo reale è e sarà sempre formato dagli estremi d'ogni cosa, armonizzati tra loro.

Cosí, ad esempio, l'universo non è e non potrà mai essere il dominio esclusivo del bene e dell'amore, come lo vuole lo Shelley, ma esso è e sarà sempre, piuttosto, l'universo di Shakespeare in cui il male lotta col bene e sovente la vince, in cui l'odio s'oppone all'amore.

Ma quel che piú mi tormenta è il pensiero che neppure il piú idealista sopporterebbe la vita nell'universo foggiato secondo il suo pensiero, perché noi godiamo ineffabilmente del bene, esso è rado, ne godiamo quando il male ci ha disgustati. Se non vi fosse piú male che sapremmo farcene del bene? Nulla. Ma col peso addosso di questa verità com'è piú possibile entusiasmarsi a qualche scopo. Io non trovo piú nulla da fare.

Cosí la concezione viene a perdere quella tinta fantastica quel sovrumano che ci faceva ammirare, ci esaltava ma non ci faceva pensare non ci commuoveva le fibbre intime.

Qui, quale differenza! un'anima aspirante a un qualcosa, a Dio se riflettiamo bene, un'anima che soffre dell'orribile realtà e vuole uscirne: e non è sola quest'anima, essa chiama lo Shelley «*poeta del liberato mondo*».

Nei primi versi dell'elegia il Carducci vuol cercare un sollievo dall'«*ora presente*», nel passato, nella morte, nelle finzioni poetiche immortali. È riuscita in una forma lucidissima, imaginosa rapida, densa di contenuto eroi e eroine del passato. Giunge poi allo Shelley e leva anch'esso nell'isola, «tra gli eroici cori». Il legame tra la folla fantasiosa degli eroi e il grande poeta inglese sta nella vita piú aerea che terrestre condotta da questi. Ma egli non è solo un poeta contemplativo; i suoi ideali spinti all'estremo non sono che il [...] di tutti gli ideali di libertà, di fratellanza, sconfitti la piú parte alla fine del secolo. Nell'elegia quindi la figura dello Shelley è concepita molto diversamente dalle figure degli eroi e ne è infinitamente superiore. Infatti il Carducci che in principio rinnegava il presente o meglio la realtà per rifugiarsi nel passato poetico, ora colla chiusa, ritorna, in questa realtà, non piú con una brama di bellezza, d'oblio, ma con un anelito, invece, alla libertà, alla fratellanza, a ciò che era stata la chimera del «*poeta del liberato mondo*».

Quel verso «fremono freschi...» può alludere, anzi, allude anche certamente alla Roma il cielo azzurro fiammante e della quale l'effetto del vigoroso risveglio della primavera in quel clima divino e la vita di cui essa impregna gli spiriti fino all'ebbrezza furono l'ispirazione del Prometeo slegato, ma sopratutto allude alla Roma dagli archi che aspettano nuovi trionfi «non piú di regi, non piú di cesari e non di catene attorcenti braccia umane sugli eburnei carri ma il tuo trionfo popol d'Italia su l'età nera, su l'età barbara su i mostri onde tu con serena giustizia farai franche le genti».

Questo è il pensiero che tormenta continuamente il Carducci. Egli non può fare senza Roma. L'ammira troppo la Città Eterna; e vede nei suoi figli degni la missione di far trionfare l'ideale piú grande del suo secolo. In questa missione credeva anche il Mazzini e vediamo ora se sia riuscita. Davvero che val la pena di darsi da fare! Ma torniamo al Carducci.

Quel richiamo «*l'aura grande di Roma*» conferisce una maestà infinita al verso, poiché sappiamo che sia Roma per il poeta.

E l'elegia si chiude con una speranza che quasi si confonde con la disperazione. «...M'ascolti? ecc.» Ancora, chi ha letto dallo Shelley comprende la profondità di quel «mesto». La sua poesia è tanto calda, tanto lieta nell'inno meraviglioso al mondo liberato e a pensarci cosí su una pianura brulla l'occhio s'inumidisce e fugge via nel vuoto. E questi due effetti della lirica Shelleyana sono tanto bene espressi nell'elegia!

p. 221, r. 6: scorgere] discernere *in interlinea*

p. 222, r. 9: la sua] quella *in interlinea*

p. 223, r. 22: poeta] innamorato *in interlinea*

p. 225, r. 21: lucidissima] viva *in interlinea*

FE 21-22, taccuino dell'Unione Italiana Cementi, cc. 1r-6r, 7r, 8r e v, a inchiostro nero, senza data.

Esercizio critico sull'elegia «Presso l'urna di Percy Bysshe Shelley» di Carducci:

Io credo che questi versi siano i migliori del Carducci, o almeno, i migliori tra quei suoi ch'io conosco. Anzitutto non c'è in essi una sola parola riempitiva una sola parola che non abbia un suo significato particolare e importante, si che si possa far sparire senza nuocere alla concezione di quest'ultima parte dell'elegia. Fin qui il Carducci ha descritto gli abitanti dell'isola e l'isola stessa «Oh lontana...; poeti!» ed è uscito nelle due, potenti similitudini del «turbine» e di «Wagner». Ora ha un'elevazione sublime, un rapimento, già preparato si può dire da ogni parola o frase precedente, ma con tant'arte che appare improvviso. Egli pensa agli antichi miti, alle creazioni di quei suoi grandi poeti, le descrive nell'isola ed ecco che la mente gli corre al suo secolo, che fu grande per nuove ispirazioni di poesia e per nuovi ideali. Di tutti i poeti di questo secolo, il primo che gli appare è lo Shelley lo «spirito [entro virginee] forme» e dimentica tutto il resto innanzi a questa figura.

Ma, ciò che fa sublime la concezione, «forse» dice: «Ah, [ma non ivi alcuno dè novi poeti mai surse,| se non tu forse,] Shelley». Mostra che lí, nell'impeto, accoglie la preminenza del poeta inglese, ma che non ne è sicuro, mostra il suo impeto, insomma.

Ed ecco, subito nell'invocazione abbiamo la definizione dello Shelley rimasta celebre. Essa infatti è forse la migliore delle definizioni consimili date a grandi uomini. Quell'accennare allo «spirito» dice tutta la noncuranza della vita materiale, ch'aveva lo Shelley, ma insieme la forza del suo carattere, la magnanimità. «*Di titano*» cioè simile allo spirito del tuo Prometeo, ribelle in nome dell'umanità, dell'amore della giustizia. Ma Prometeo era incatenato alla sua rupe di dolore. Ecco un altro pensiero accessorio che s'aggiunge alla folla suscitatane dall'invocazione. La rupe dello Shelley! Egli s'innalzava nella contemplazione d'una bellezza, nell'ascoltare una melodia al canto di un'allodola, poi abbassava a un tratto gli occhi a questo suolo (ground) e il cuore gli sanguinava a scorgerlo tanto diverso dal suo mondo ideale. Egli non avrebbe piú voluto un dolore, un'ingiustizia, un odio: un solo alito bramava sull'universo l'amore – Il suo aspetto esterno era delicato, pareva una fanciulla a guardarlo in volto pallido, pallido coi grand'occhi sognanti atteggiati a compassione «I wish... pain» E cosí l'«entro virginee forme» compisce la sua descrizione, in sei parole la piú perfetta che si è mai fatta. «*Dal vivo complesso di Teti*» Per lo Shelley, tutte le cose avevano uno spirito, partecipavano del divino, egli considerava come amici! Sotto forma d'una nube, di cui tesse la storia, egli espone tutto questo suo grande amore: Io sono il figlio della terra e dell'acqua e la creatura prediletta del cielo".

È ammirabile quindi quel «*vivo*» e poi «complesso», quasi il mare, mentre tutti gli uomini lo cacciavano, lo amasse!

APX, 17, cc. 5*r* e 6*r*, a inchiostro nero, senza data ma successivo alla traduzione di *A un'allodola* datata 10 agosto 1924.

Annotazioni critiche a «Ode to the West Wind» (Ode al vento occidentale) di Shelley:

I

West Wind = wind who blows by west or «Zephyr.»

v.I	*Wild* = «fool» and the word encloses also the meaning of «furious.»
ID.	"of *Autumn's being* it blows during Spring and also during Autumn.
v.II	*Unseen presence* = beautiful phrase.
v.III	*Like ghosts from an enchanter fleeing* is very well express but out place.
v.IV	*Black* Why the leaves black?
	There are not.
v.V	*Pestilence – stricken moltitudes* = fine metaphor.
v.V	*O, thou* the repetition of the invocation and always varied is very efficacious.
v.VI	*Their* And why?
v.VI	*Wintry* signifies «of winter»
v.VII	*Winged* very fine. To tell the same thing in scientific language we use
v.XI	*feed* and how? Mean perhaps Shelley to tell «fertilize».
v.VIII	*Like a corpse within its grave* It's yet a very finely express similitude, but didn't reply to the verity because a corpse didn't awake and a seed turns itself with Spring.
v.XI	*Blow her clarion*, etc. splendid image
v.XI	*Buds* = but the buds are adherent to the boughs
v.XII	*Living hues* = colours sparkling.
ID.	*Plain and hill* = all the country.
v.XIII	*Spirit* = well said for wind.
ID.	*Which art moving everywhere* wonderful.
v.XIV	*Destroyer and preserver* = in two words resumes, and very well, all the attribute of a wind.

APPENDICE II

Enchanter – To flee – Hectic – Pestilence –
stricken – Chariot – Wintry – Seed – Corpse
grave – To blow the clarion – Flock – Hue –
Preserver –

Enchanter = To enchant, enchantingly, enchantement, enchantress. To charm, charm, astonished, charmer, magician, enchanting, charming.

> To charm is most for fineness of the charmer or, better, enchantress.
>
> Astonished = stupito.

To flee = to fly, to elude, to avoid, to escape
> fled, fled – from.
> – To fly = involarsi (flew, flown)
> – To elude = eludere, scansare.
> – To avoid = evitare, sfuggire, scansare
> – To escape = evadere, scampare, sfuggire
>   svignarsela = salvarsi
>
> *To escape* means scappare, true flying from a danger.
>
> *To avoid* means evitare that is to fly from a danger before to have met it.
>
> *To elude* means eludere, avoiding a danger with cunning
>
> *To fly* = simply to depart with speed.
>
> *Sfuggire* = to avoid, to escape
>
> *Scampare* = to escape.
>
> *To shun* = scansare, evitare, schivare.
>
> *To fly* o *flee* = fuggire. *To escape* scappare, scampare, sfuggire. *To shun* = scansare. *To avoid* = evitare, schivare
>
> *To elude* = eludere
>
> *To beware* guardarsi   *Scansare* = to shun, schivare.

Hectic, – *tical* etico, tisico. *Ethic*, –tical –*consumptive*

> *Consumption* = etisia – *Consumptive* = tisico – *Hectic, hectical* (*ethic, ethical*) = etico.
>
> The fever of the consumption is the fever hectic, that is the consumption is an illness and the fever ethical a part of this ill.

Cadavere = corpse, *cadaverico* = cadaverous.

> *grave* = grave, tomba, scavare, incidere, cesellare, scolpire.

APPENDICE II 230

(Cesellare = *to chisel* is to make bruises on the metals.
Tomb = sepolcro.

To blow = soffiare, suonare, gonfiare, ansare, fiorire.

blew, blown. *blow* = slap (ceffata – *to slap* = schiaffeggiare).

Flock = greggia, mandra, turba, fiocco, stuolo, stormo.

to *flock* = affollarsi, affluire.

torma greggia = sheepfold, flock, herd.   *Mandra* = flock, herd (stud).   *Turba* = crowd, populace.   *Fiocco* = lock of wool, flake,

sheepfold   tassel (*pioletto, mensola*)   *Stuolo* = troop, band.

ovile   *Stormo* = flight of birds, throng, troop – *Suonare a stormo* = To ring the toxin (campana a martello)

Hue = colore tinto urlo

Colore = colour, paint – *Tinta* = tint, dye, colour, colouring.   *Urlo* = howl, yell.

Hue = grida, schiamazzo, tinta gradazione di colori.

Grida = proclamation.   *Schiamazzo* = udire, brawling.   *Tinta* = tint, dye.

Hue = colore, urlo.

Colour = colore.

Paint = belletto, liscio (materia per le carni).

Tint = tinta.

Dye = tintura, colore.

II *Strophe*

v.I)   *Stream* = properly it means «corrente» but here Shelley means «thy breath»

ID.)   '*Mid the steep sky's commotion* means shuddering of Heaven.

v.II)   *Loose clouds* = «le nubi si sciolgono or ravel themselves, separate themselves from one another.

ID.)   *Earth's* = to declare the clouds and the West Wind are skyey things.

VIII)   Incomprehensible.

v.IV)   *Angels* = we are in heaven.

APPENDICE II 231

v.v)   *Airy surge* = onda aerea. *Surge* = maroso synedoche.
v.vii *Dim verge* = very natural.
v.ix-ix = The zephyr ravel the clouds.
v.ix) = *To dirge* = to ring the dirge (canto funebre) Very well.
v.x)   Closing = is it the 31th December?
v.xi   *Dome, etc.* = very fine, slow, imitative verse.
v.xii *Congregated night* = quantità riunita.
v.xiii *Solid atmosphere* = means «dense» but it is not appropriate.

Steep. To loose – Shook – Tangle –
Surge – To Uplift. Dim – Verge – Dirge –
Dome – Sepulchre – To Vault – To burst
To *Steep* – erto, scosceso
To *loose* = Sciogliere, partire –
To *shake* = scuotere, agitare, tentennare
To *tangle* = ingarbugliarsi, arruffare – *Surge* = ondata, cavallone. (*wave* = maretta) (*flutto* = billow)
Breaker = maroso.
Surge = cavallone.
Billow = flutto.
Wave = onda, maretta.
Fosco = gloomy, dim, blackish *gloomy* = (fosco triste)
Dim (oscuro, torbido, fosco).
Blackish = nericcio.

Strophe III

v.iv   *Beside. etc.* = What bay? What pumice isle?
v.v   *In sleep* = Very well: it expresses wonderfully the calm of sea.
v.vi   *Quivering, etc.* = wonderful!!
v.ix   *Level powers* = wonderful!! The Italian language faints of a like expression. Let me use: *la massa piana*
v.xi   *Oozy* = adjective very well added to the submarine woods or trunks
v.xii *Sapless* = lymphless.

APPENDICE II 232

v.XIII-XIV = The West Wind is a wind which blows before the winter, for the submarine vegetation follows the terrestrial.

To Lull - Coil - Crystalline - Pummice - Quivering
Moss - Path - Level - to Cleave - chasm - Bloom - Oozy - Sapless =
To rock - to quiet - to lull - (culla *cradle*)
cullare, dondolare,) acquietare ninnare, to rock to cradle agitare
Coil = spira - matassa baccano.   *Spire* = spira - guglia
Quiver = tremolare - *Quaker* = tremare -
To rock Barcollare to stagger - orizzontalmente, di persona, momentaneo
to nod Tentennare = moto uniforme piú largo del tremare.
tremble Tremare =   "   "   "   veloce d'una parte
Tremolare = Diminuitivo. *Quiver*.
Wave Ondeggiare. Largo e continuato.
vacillate Vacillare. Da fermo muoversi per barcollare
stagger Traballare = Forte *to shake*
(*Rabbrividire* = shiver
Raccapricciare = shudder.

Path = sentiero   *Bye-way* = scorciatoia.
Fendere = to cleave   *to split* = spezzare.
Flower, bloom, blossom.
melma = mire, mud - slime
fango, melma, *miry, muddy*
slime = limo, vischio.

Strophe IV

v.III) *To pant* = wonderful! Panting of a wave beneath the wind!!!!
VIII) *When to, etc.* that «vision» is uncertain and just for this very fine.
v.XI *O! lift me as a wave, a leaf, a cloud! I fall upon the thorns of life! I bleed!* All the ideals of Percy Bisshe Shelley are in

this exclamation. We feel the despair of the poet, who extols himself till to supplicate the West Wind to lift him as a wave, a leaf, a cloud: A wave: the sea, the greatest love of the poet! A leaf: the love of the terrestrial Nature! A cloud: the love of Heaven, of his deep blue, of his white flocks, of his sparkling stars!! and feel after all the sorrow, the lowness of the human life.

v.xiii) *Heavy weight of hours* = new the expression! weight of hours!

v.xiv) *Tameless, and swift and proud* = here is carved the Shelley's character.

Strophe v

v.i) *Make me thy lyre, even as the forest is* = the first share of this prayer was copied by Tagore in «Gitanjali (I)

v.ii) *What....* = fine construction and thought a little mysterious. Perhaps the poet means «I am also tormented by the life»

v.iii) *mighty harmonies* = a verse harmonious how all the four first of the strophe.

v.iv) *Autumnal tone* = tono autunnale = !!!!! –

v.vii) *Dead thoughts* = cupi o morti?

The end = What is the prophecy that tells the poet? A renewall after the darkness? The Futurismo? I think not.
Because the Futurismo is not a dawn but a dusk. Who, in fact, does understand it? And the thing that, dark, hope to become yet more are dusk.

iv) *To pant, beneath, uncontroulable, wandering, to outstrip, skyey, scarce, to strive, need, thorn, to bleed – to chain, to bow, tameless, proud,*

v) *lyre, sadness, fierce, impetuous, to wither, to quicken, incantation, unextinguished, hearth, mankind, unawakened, trumpet, behind.*

senza cont.   a contatto   senza cont.
beneath (under) – below
over   upon   above

Se la cosa al di sopra copre l'inferiore = *over*. Per indicare la differenza tra una cosa bassa ed una alta = *above* – Frasi sfatte = *over* o *above*

G. I.:

I The *stone upon* the *ground* and the *ground under the stone*.
II The *cloud over the moon* and *the moon beneath the cloud*.
III *God above us and we below him*.

Wandering = errante, incostante. Corse erranti, sviamento distrazione, delirio, incostanza.

To rave = delirare – *Inconstancy* = incostanza

Distraction = distrazione.   *Deviation* = sviamento

To outstrip = superare, depredare   *To strip* = stracciare ecc.

Depredare = to ravage.

to outstrip = sorpassare.

to strip = stracciare. spogliare.   *stigliare* (lino, canapa)

to ravage = devastare

to prey = depredare.

Scarso = scarce, short, lacking, stingy.

Scarce = scarso, raro.   *Short* = breve, corto.

(morale) *lacking* mancante, difettoso.   *stingy* avaro, spilorcio

Es.: That *stingy* man is *lacking* of that *scarce* fruits by their *short* pedicle and his letter is *brief*

To strive = sforzarsi, contendere, procurare.

(strove, striven)

Sforzarsi = to strive, try, endeavour,

try = provarsi *strive* sforzarsi.

endeavour ingegnarsi.

Mi dicono ch'è male inseguire delle fole, che sono troppo giovane, che il mondo non è un sogno, che la bella vita sta nel sapersi ammucchiare tanto denaro, che l'amore è passato come gli eroi ed i cavalieri di ferro,

Ora comprarsi, pescicani, un automobile trovare un buon partito e disertarsi poi a vicenda ecco la bella vita del secolo ventesimo.

No, no, secolo meccanico tu non sei il mio sogno, sei troppo oleoso per gradire al mio naso.

Chi non ha amici tra i vivi se li cerca tra i morti ed io, cretinissimi viventi, ne ho trovati un numero sublime tra i morti immortali.

XII - 2 - 1923
C Pavese

To strive = sforzarsi (con fatica)   *To try* = provarsi (cosí, candidamente).   *To endeavour* = ingegnarsi (con inganni) –

Need = bisogno, necessità.   Necessitare, dovere.

  bisogno : need,   want. *Necessità* = necessity –

  need : bisogno uopo necessità *want* : mancanza, bisogno

  Need, bisogno.   *Want* mancanza – indispensabile)

Thorn = spina, spino (Composed Hawthorn = spinella (haw – frutto del biancospino   *Blackhorn* = pugnolo

  spino = thorn; thornbush, spine –

  spina = thorn; prick, string; fish-bone; spine; awl; groove.

  Thorn spina, spino.   *Thornbush* = spineto

  spine = spina.   *Prick* = punta, puntura, *string*

  cordicella.   *Fish-bone* = lisca – *awl* = lesina.   *Groove* = solco, pozzo.

Incatenare = to chain, shackle, bar.

  to chaine incatenare.   *to shackle* inceppare *to bar* = sbarrare, impedire.

To bow but this verbe is intransitive in English spoken.

Tameless – without the tame.

  It is the very portrait of the poet.

Proud superbo, altero.

  Superbo proud, superb, boastful,

  Altero = haughty, proud.

  boastful = spacconesco – *haughty* = altiero. *Proud* = superbo.

«I would ne'er have striven as thus with thee in prayer my shore [sic] need»

  «P.B. Shelley – Ode to the West Wind»

Ti ho cantata come cantavano
sull'eptacordo gli aedi dorici
tra le colonne bianche, pure
come la grande anima ellena [?]
Ti ho amata come gli Arii sugli altipiani *fertili* amavano

APPENDICE II

    mentr'intorno il gregge dominava
    tremolavano in alto le stelle.
    Ti ho lodata come lodavano
    nella rimata strofa novissima
    le donne mistiche, celesti
    i dicitori dello stilnovo
    Ma nulla nulla io seppi rendere
    della bianca figura diafana come al
    crepuscolo la falce lunare tra i vapori di sogni.
    Make me thy lyre, even as the forest is
    Shelley «Ode to the West Wind»

    Vento che scosti lieve le foglie
    al tuo passaggio attraverso gli alberi
    e vi mormori pianamente
    portando teco tutti i profumi;
    Vento che lieve sul mare scivoli
    e che ne increspi l'azzurro lucido,
                     nitido
  alitando, fresco, sul lido
  l'odor salino che t'ha impregnato
  pregno di sale
        d'odore salino, acre.
        di acre odore salino
III VI Vento che giungi a folate gelide
       che pare turbino in cielo i timidi
       raggi stellari che crosci
       nel fogliame agitato dei pioppi I IV
       vento che sfiori il suo corpo che agiti
       i suoi capelli lunghi, che rapido
       poi te ne fuggi piú odoroso,
       piú profumato, piú travolgente
       Vento, oh, penetra nel mio animo
       trarne armonie come da un albero
       come del mare e nelle strofi
       che cesello tremante respira
       sospira

Annotazioni critiche a «La nuvola» di Shelley:

St. V.III ... *light shade* = Properly «leggero riparo» and is wel
    fitted, particularly «light». The double sense of «light» gives
    the two ideas of «leggero» and "bianco"

APPENDICE II 237

VIX *I wield the flail of the lashing hail* = It is a very fines imilitude.
Shower – Thirst – Shade – Noon-day – Dew
Breast – To wield – Flail – Lash. To white.

a) *Pioggia* = Rain.   Shower.   Pour.
             Pioggia.   Acquazzone Rovescio.

b) *Sete* = Thirst.   Drought.   *To thirst*.
         Sete   Siccità-   Sete.

c) *Ombra* = Shade.   Shadow.   Umbrage.   Suspicion.
          ombra.   Paralume   Riparo   Protezione
                                                    Sospetto. sospetto Ombra-

d) *Mezzodí* = Noon – Midday – South
              Meriggio Mezzodí Sud.

e) *Rugiada* = Dew –   Freshness
              Rugiada Guazza

f) *Breast* = Petto – Seno –   Cuore – Coscienza –   Fianco –
           Breast – Bosom – Heart – Conscience – Board
                                                                        Deck
                                                                    (Ponte)

             Mammella – Torace
             woman's breast – Chest

g) *To wield* = brandire,   maneggiare,   vibrare
               to brandish to handle   to vibrate

h) *To lash* = sferzare flagellare   amarrare   allacciare.
             to whip   to scourge, to moor.

Verga a correggere. *Sferza* piú striscie di cuoio o simile
(pei fanciulli) incita o punge col biasimo. *Frusta*
simile al flagello, ma per i malfattori. Castiga. *Flagello*.
Correggio o fascio. straziava. *Stafille* cuoio a piú capi
attaccato a un legno [?].
Staffilata. Scudiscio = sottile bacchetta. *Disciplina* = mazzo
di funicelle per penitenze.

i) *Imbiancare* = to whitewash, to bleach, to reject
                 Imbiancare, Bianchire. Imbiancare.
                                     vincere.

St) II v.I *I sift the snow* = wonderful metaphor.
    v.II *Aghast* How? It is not natural.
    v.IV *While I sleep in the arms of the blast* = well told. The arms
    of the blast hold a cloud!

APPENDICE II 238

v.v.   *Bowers* = In the sky? And how?
v.vi. *Pilot* = Who?
v.xii *Purple sea* = Well, at the sunset.
v.xvi *The Spirit he loves* = is it the Nature?
v.xvii *And I all the while bask in heaven's blue smile* = Well.

When it rains the Sun is always above the clouds and it gilds their back

To sift. To groan. Aghast. Pillow. Blast. To fetter.
To struggle. To howl. Fit. To guide. To lure. Genius.
Depth. Purple. Rill. Crag. To bask. To dissolve.

To sift = vagliare, stacciare, discutere,
Sift = stacciare, vagliare.
Winnow Vagliare, ventilare. (anche senza staccio)
Riddle crivellare. *Bolt* = abburattare.
To groan = gemere, grugnire.
gemere = to groan, to coo, to trickle.
grugnire = to grunt
To groan = gemere. *To coo* = tubare – *To trickle* = gocciare
gemere gocciolare *To grunt* = grugnire
Aghast = stupefatto, atterrito.
Atterrito = terrified, dismayed.
Stupefatto = wondered, astonished, stupefied, amazed (sorpreso)
Guanciale pillow. *Cuscino* cushion
Blast = raffica, scoppio   squall = folata
Raffica = squall strillo

To Fetter incappare. *To chain* incatenare. *To clog* Impastoiare
Shackle inceppare, incat. amman.
bar = sbarrare   (scia)

Dibattersi = *to struggle* to strive, dispute
try provarsi   *Strive* = sforzarsi.   *endeavour* ingeniarsi (sic)

APPENDICE II

Howl = grido, urlo, ululato, guaito.
Urlo = howl, yell   *guaito* = yelping
Ululato = howling, shrieking
Yell = urlo di dolore, di rabbia.   *Yelp* guaire, squittire.
Shriek = stridere, strillare.   *Screech* = squittire del gufo.
Howl = urlo, guaito.

To guide, to lead = guidare
To conduct, to bring = condurre
Adescare = bait, attract, allure, entice, inveigle.
Depths = profondità, altezza, fondo, profundity,
Profondità profundity, depth, profoundness
Altezza = haughtiness, highness, loftiness, height
Fondo = depths, bottom, ground, dregs,
Orgoglio = haughtiness.   *haughtiness* = alterezza, orgoglio,
                                                        alterigia, boria
Altura = height   *height* = altezza, altura, sommità, colmo.
Altezza = highness.   *highness* = altezza, eminenza.
Sublimità = *loftiness*. *loftiness* = altezza, albagia, elevatezza,
                                                        maestà sublimità
Fondo = bottom   *Bottom* = fondo, fondamento, vallata, carena
Feccia = dregs   *Dregs* = feccia, fondo, sedimento.

    Quanto ti ho amata allora
    quando t'amavo ancora

Porporino, porpureo = purple
Porporato = clothed in purple, cardinal
Porporezziare = to incline to purple
Pavonazzo = violet, purple colour.
Porpora = cardinalship, purple, purple cloth
Rill = ruscelletto, rigagnolo.
I streamlet, rivulet.
II   "   "   "
  Crag = rupe, balza –
Rupe = rock, cliff, crag.
Balza = flounce, rock, precipice, cliff.
Balzana (frangia, pel bianco allo zocc., balza, = flounce, fringe
A fettered Roman crumbled with the teeth the shackles.

APPENDICE II   240

The Russia broke what chained her.

This elephant is well clogged.

Shackle that man!

A wolf barred my steep

> O starmi solo sopra uno scoglio
> d'intorno l'onde schimose, altissime
> i vasti boati ed i piedi
> sulla roccia
> schianti fragorosi e gli spruzzi
> Dal cielo nero contorte folgori
> sul dorsi immani de l'onde
> raffiche portino rapide
>   striscino
> rapide portino le raffiche
> su la tempesta con loro il mio animo

It struggled boxing.   I strove to be good.
          (endeveur)
It is not well to endeavour. It's better to try ourselves and strive,
Wounded, he yelled and the dog, who howled, began to yelp for it heard an hare
The iron shrieked on the iron.
The owl, called also screech owl, screeched.
I have much *haughtiness* and little *loftiness*. That *height* has the *highness* of 300 yard. At the *bottom* of the glass there are some *dregs*

Strophe III

    The bloody Dawn, with his meteorous eyes and his burning plumes scattered ascends on the back of my mass (?), when the morning star shines dead, as an eagle alit a moment may stay in the light of its golden wings on the jag of a mountain rock, which an earthquake shakes and swing. (dondolare oscillare = swing)
                        dangle

APPENDICE II
241

And when the sunset may breathe its rest's and love's ardours from the inflamed sea below, and the crimson evening's mantle may fall from the heaven's depth above, I stay with with folded wings on my airy nest, quiet as a brooding dove

Stramazzare goffamente persona

    To sit brooding   To hatch = Covare,

    To pilot = macchinare   *To moulder* = covare sotto le ceneri.

    Ardour. Pall. Eve. To fold. To brood – Dove
        to long = anelare

Lust = libidine – *Longing*

impazienza. ansia. *Eagerness* = ardenza, passione, avidità.

Crimson colored = cremisono *Crimson* chermisi. *Carmine* Carminio.

Scarlet scarlatto

Mantle Manto. *Pretence* = Pretesto *Pall* = palio. *strapiombare* troppo peso. *Cadere* generico – *Cascare* – il luogo. *Capitombolare* volgersi cadendo. *Precipitare* a precipizio. *Rovinare* condanno dell'esterno.

Traboccare – liquido

Tracollare – giú il capo o di testa

Piombare, pesante, retto

To slide = scivolare, correre

To slip = scivolare, scappare, sguinzagliare

That orbed maid laden with a white halo, whom mortals call the moon, glides glimmering over my fleece-like floor, which the midnight's breezes *scatter* and wherever the trace of her unseen feet, which only the angels hear, may have torn the woof of my tent's rare roof the stars peep behind her and spy;

To burden soma incomodo. *To load* Peso *To Lade* caricare compire

Puff – *Flock Tuft Fleece Tuft*- ciuffetto, fiocco, boschetto

Puff = fiocco   glimmer lucere debolmente

Flock = Fiocco

Fleece = Vello, tosone

To shed – versare. spargere

To pour out – versare, mescere – piov. a rovescio

To sprinkle – spruzzare

strewn   aspergere

To scatter Dissipare – sparpagliare

To spread – spiegare – Dilatare
To spill – Traboccare.
Woof – tessuto, trama
Weft – treccia trama
Plot, cospirazione, intrigo, aiola
To break. To fracture. Tear lacerare, stracciare
Lint filaccia (incischiatura)
lino *tent* – stuello
Rare – Raro Loose slacciato
Scarce – scarso *thin* sottile
Spy – *watch, peer*

> FE 2-38, registro di estratto conto, cc.26r-33v, 39r, 40r e v, 50r-53r, 55r e v, 57r e v, a inchiostro nero con interventi a lapis, febbraio 1923.

Note filologiche

Prometeo slegato

APX 71, cc.1*r*-10*r*, a inchiostro nero (con correzioni a matita nera e un intervento a inchiostro blu). La copertina raffigura Santa Chiara. Senza data (1924). Sul *recto* della c. 1, sopra i *dramatis personae*, è scritto: «*Versione del Prometheus Unbound di Percy Bisshe Shelley – Prometeo slegato – 1820*».

APX 22, cc. 2-21, *r* e *v* (eccetto c. 16*v* che riporta un esercizio scolastico in tedesco), cc. 22-48, solo *r*, a inchiostro nero, con correzioni a matita nera e a matita marrone (c. 16*v* a inchiostro viola)

APX 71

p. 3, rr. 22-23: scoraggiarmi ... presto] sminuirlo di molto *in interlinea e poi* ne *tra parentesi tonde seguito da* il valore *in interlinea*

p. 3, r. 23: catastrofe] soluzione *in interlinea*

p. 5, rr. 15-16: montagnose] scoscese *in interlinea*

p. 11, r. 13: gran] *tra parentesi tonde e poi nel rigo* maestre *tra parentesi tonde*

APX 22

p. 19, r. 10: Tre volte ... moltitudine.] *nel margine sinistro si leggono le seguenti postille:*
    Folgore lampo
    Fulmine lampo e schianto
    Tuono – Schianto

p. 21, r. 32: perché ... Fratelli!] *nel margine sinistro il numero uno tra parentesi tonde per segnalare la variante a piè di pagina:*
Perché non rispondete voi? Fratelli!] ancor? *in interlinea inferiore*

p. 25, rr. 2-3: loro abitanti ... immenso;] *nel margine sinistra il numero uno tra parentesi tonde per segnalare la variante a piè di pagina:*
loro abitanti videro la luce della mia sfera impallidir nel cielo

p. 31, r. 21:	in putrefazione] dissolto *in interlinea*
p. 33, r. 24:	ardono] splendono *in interlinea nel margine in alto si leggono le seguenti postille:* crow = corvo crowd = folla crown = corona
p. 35, r. 3:	fioco] pallido, vano, vago *in interlinea*
p. 43, rr. 38-39:	staremo] abiteremo *in interlinea*
p. 45, r. 19:	lasciate ... odio.] *nel margine laterale sinistro:* "questo è per i teologi"
p. 51, rr. 27-29:	serra ... lacrime!] richiudi quelle tue labbra smorte; la tua fronte straziata dalle spine non goccioli di sangue; esso si mischia colle tue lacrime! *nel margine superiore*
p. 51, r. 38:	come ... scovata] *tra parentesi tonde*
p. 53, r. 23:	ciò] quel *in interlinea*
p. 53, rr. 25-28:	Le tue ... oltre] *nel margine destro:* Prometeo. Le tue parole son come una nube di serpi alate, eppure io li compiango quelli ch'esse non sanno torturare Furia. Tu li compiangi? Non apro] parlo *in interlinea* piú bocca] oltre *in interlinea inferiore*
p. 59, r. 17:	ne] *tra parentesi tonde*
p. 65, r. 28:	dell'India] of *in interlinea*
p. 97, r. 7:	alberi] *segue* spring = macchia d'allori *tra parentesi tonde*
p. 101, r. 19:	mirabile] meraviglioso *in interlinea*
p. 113, r. 25:	eri] *segue punto interrogativo tra parentesi tonde*
p. 115, r. 13:	arginati] *tra parentesi*
p. 115, r. 16:	Ai! Ai!] *segue punto interrogativo tra parentesi tonde*
p. 115, r. 19:	Ai! Ai!] *segue punto interrogativo tra parentesi tonde*
p. 117, r. 12:	un'aquila] *segue* che *tra parentesi tonde*
p. 117, rr. 12-13:	infiammata,] *segue* cade *tra parentesi tonde*
p. 127, r. 10:	respirarono] *segue punto interrogativo tra parentesi tonde*
p. 129, r. 26:	luce arde] arde luce *con segno di inversione*

p. 135, r. 2: quando su] *segue* anche non alla cima *tra parentesi tonde*

p. 135, r. 2: lago] *segue* appoggio *tra parentesi tonde*

p. 137, r. 17: esistere] *segue punto interrogativo tra parentesi tonde*

p. 157, r. 31: Sono] *tra parentesi tonde*

Sotto viene riprodotta la traduzione in prosa dei primi versi di *Prometeo* in APX 22 alla quale è stata privilegiata la versione in bella copia conservata in APX 71.

APX 22, 1*r* e *v*, 2*r*, a inchiostro nero, senza data
Scena – Un burrone di rupi ghiacciate nel Caucaso Indiano. Si scorge *Prometeo*, legato al precipizio. *Pantea* e *Ione* gli siedono ai piedi. Notte. Durante la scena, rompe lentamente il mattino.

Prometeo

O Monarca degli Dei, dei Demoni e di tutti gli Spiriti – eccetto di Uno – che affollano questi mondi splendidi e roteanti che Tu ed Io, soli tra gli esseri viventi, contempliamo con occhi insonni! Guarda questa Terra, popolata dei tuoi schiavi, che tu ricompensi dell'adorazione a ginocchioni, delle preghiere e delle lodi, dei travagli e delle ecatombi di cuori spezzati con timore, disprezzo di sé e speranze sterili: mentre, accecato dall'odio, facesti, a tuo scorno, regnare e trionfare, sulla mia miseria e tua vana vendetta, me che sono tuo nemico.

Tremila anni di ore insonni ed istanti sempre divisi da spasimi acuti, sí da parere anni, tortura e solitudine, sdegno e disperazione – questo è il mio impero: di gran lunga piú glorioso di quello che sorvegli dal tuo non invidiato trono, o Dio potente! Onnipotente, se mi fossi degnato di condividere la vergogna della tua ingiusta tirannia, non penderei qui, inchiodato alla muraglia di questa montagna che sfida il volo delle aquile, nera, tempestosa, morta, immensa; senza un'erba, un insetto, un animale, una forma o un suono di vita. *Ohimè, dolore, dolore, sempre, per sempre*! Non un mutamento, non una tregua, non una speranza! Eppure resisto. Io domando alla Terra: non han sentito le montagne! Domando al Cielo, lassú, al Sole che tutto vede, non ha forse visto? Al Mare, tempestoso o tranquillo, disteso sotto, ombra sempre mutevole del Cielo: non hanno udita la mia agonia le sue onde sorde? Ohimè, dolore, dolore, sempre, per sempre!

I ghiacciai striscianti mi trafiggono colle lance dei loro cristalli gelidi come la luna, e le catene lucenti rodono le mie ossa col loro freddo scottante. Il cane alato del Cielo, insozzando il rostro in veleno non suo, tolto dalle tue labbra, mi lacera il cuore e visioni informi, il popolo spettrale del regno dei sogni, vengono a errarmi intorno, schernendomi. I demoni del Terremoto sono incaricati di strappare i chiodi dalle mie ferite tremanti, quando le rupi mi si fendono e richiudono dietro: mentre dai loro abissi risonanti s'affollano urlando i Genii della Tempesta, che incalzano la furia del turbine e mi tormentano con una grandine acuta. Eppure son benvenuti per me il giorno e la notte, sia che l'uno rompa la brina del mattino o che, stellata fosca e lenta, l'altra salga l'oriente plumbeo. Essi, infatti, conducono le Ore larvate, striscianti, una delle quali – come un nero prete trascina la vittima riluttante – trascinerà te, o re crudele, a baciare il sangue di questi piedi pallidi, che ti calpesterebbero allora se non sdegnassero un tale schiavo prostrato. Sdegno? Ah, no! Io sento pietà di te. Quale catastrofe ti caccierà indifeso attraverso il Cielo infinito! Come la tua anima, squarciata dal terrore si spalancherà, simile a un inferno! Io parlo con rammarico, non con giubilo, poiché non odio piú come odiavo allora, prima che la miseria mi facesse savio. E vorrei revocare la maledizione che un tempo scagliai su di te.

Voi, Montagne, i cui Echi dalle molte voci sbatterono il tuono di quelle parole!

Voi, Fonti gelide, rese stagnanti dal ghiaccio increspato, che fremeste a udirmi e poi scorreste tremanti per l'India!

Tu, Aria purissima, che il Sole ardente attraversa senza raggi: e voi, Turbini veloci, che ad ali librate restaste muti ed immobili sul lontano abisso silenzioso, mentre il tuono, piú fragoroso del vostro, scuoteva la sfera del mondo!

Se allora le mie parole avevano potere, – quantunque io sia mutato talmente che ogni cattivo desiderio è morto in me; quantunque non mi resti una memoria di ciò che sia odio – esse non si perdano ora!

Che era quella maledizione? Poiché voi tutti mi udiste parlare.

Prima Voce dalle Montagne

p. 247, r. 29: Ohimè... per sempre] *in margine il numero uno tra parentesi tonde per indicare* Ohimè, dolore, dolore, per sempre *nel margine inferiore preceduto dal numero uno tra parentesi tonde*

p. 248, rr. 26-27: vostro] solito *in interlinea*
p. 248, r.   32: Che era ... parlare] *in margine il numero uno tra parentesi tonde per segnalare la variante a piè di pagina:* S'allor le mie parole avean potere (quantunque io sia mutato sí che tutti sono morti in me i malvagi desideri. Quantunque non mi resti una memoria di ciò ch'è odio) non si perdan ora! Che era dunque la maledizione? Poiché voi tutte m'udiste parlare.

La nuvola

APX 70, cc. 14*v*-16*v*, a inchiostro nero, senza data (1924).

Inno di Pan

APX 16, cc. 17*r, v*, a inchiostro nero. Manca la data ma i testi contenuti nel fascicolo sono compresi tra luglio e agosto 1925.

p. 189, v. 19: che moriva] *chiuso tra un segno grafico rettangolare*

Alla notte

FE 21-23, cc. 26*v*, 27*r*, a inchiostro nero, senza data ma segue subito dopo una poesia datata 11-8-23.

A un'allodola

APX 17, cc. 3*r* e 4*r*, a inchiostro nero, datato 20 agosto 1924.

p. 201, r. 13: scorrere] sgorgare *in interlinea*

Aretusa

APX 68, cc. 12*v*-14*r*, a inchiostro nero con correzioni a matita nera, datato 13 ottobre 1928.
titolo seguito da P.B. Shelley tra parentesi tonde

p. 205, v. 6: pascolando ... splendenti] *nel margine sinistro punto interrogativo*

p. 205, vv. 25-27:   Egli ... silenziose] *nel margine sinistro punto interrogativo*

p. 207, v. 29:   nel mezzo] *tra parentesi tonde seguito da* a frantumi *tra parentesi tonde*

p. 207, v. 32:   del Fiume] *tra parentesi tonde e poi nel rigo* Fluviale *tra parentesi tonde*

p. 207, v. 38:   accolga] *tra parentesi tonde* copre *in interlinea*

p. 207, v. 39:   ché ... chiome!"] *nel margine sinistro punto interrogativo*

p. 207, v. 48:   Ionio] *tra parentesi tonde* Dorico *in interlinea*

p. 207, v. 49:   buia] *tra parentesi tonde* scura *in interlinea*

p. 207, v. 54:   dentro i flutti] *tra parentesi* negli abissi *in interlinea inferiore, e poi* dentro gorghi di vento nuvoloso *in interlinea inferiore, e poi* abissi *in interlinea inferiore*

p. 207, v. 59:   Ora ... avvoltolantisi;] *nel margine sinistro punto interrogativo*

p. 209, v. 72:   – essi...dimora] *nel margine sinistro punto interrogativo*

Indice

p. v   *Introduzione* di Mark Pietralunga

Prometeo slegato

- 2   *Preface*
- 3   Prefazione
- 12   *Dramatis Personæ*
- 13   Dramatis Personæ
- 14   *Act I*
- 15   Atto I
- 66   *Act II*
- 67   Atto II
- 110   *Act III*
- 111   Atto III
- 142   *Act IV*
- 143   Atto IV

Appendice I
- 183   La nuvola
- 186   Inno di Pan
- 188   Alla notte
- 190   A un'allodola
- 192   Aretusa

Appendice II

- p. 213 Frammenti di traduzione de «La sensitiva» di Shelley
- 214 Esercizio critico su San Francesco e Shelley
- 218 Esercizio critico su Carducci e Shelley
- 226 Esercizio critico sull'elegia «Presso l'urna» di Percy Bysshe Shelley di Carducci
- 228 Annotazioni critiche a «Ode to the West Wind» (Ode al vento occidentale) di Shelley
- 236 Annotazioni critiche a «Le nuvole» di Shelley

243 *Note filologiche*

*Stampato da Elemond s.p.a., Editori Associati
presso lo Stabilimento di Martellago, Venezia
nel mese di gennaio 1997*

C.L. 13125

Ristampa										Anno
0	1	2	3	4	5	6		1997	1998	1999	2000

Collezione di poesia
Ultimi volumi pubblicati

183 JOHN KEATS, *Poesie*. Introduzione e note di Vanna Gentili. Traduzione di Mario Roffi.

184 CAMILLO PENNATI, *Sotteso blu 1974-1983*.

185 *Nuovi poeti italiani 3*: Cristina Annino, Alida Airaghi, Salvatore Di Natale, Pietro G. Beltrami, Francesco Serrao, Rocco Brindisi.

186 NICO ORENGO, *Cartoline di mare*.

187 DINO FRESCOBALDI, *Canzoni e sonetti*. A cura di Furio Brugnolo.

188 SERGEJ ESENIN, *Il paese dei banditi*. Prefazione e traduzione di Iginio De Luca.

189 WILFRED OWEN, *Poesie di guerra*. A cura di Sergio Rufini.

190 PAOLO BERTOLANI, *Seinà*.

191 ALBINO PIERRO, *Un pianto nascosto. Antologia poetica 1946-1983*.

192 GEORGE BYRON, *Pezzi domestici e altre poesie*.

193 JAROSLAV SEIFERT, *Vestita di luce. Poesie 1925-1967*.

194 *Alcune poesie di Hölderlin* tradotte da Gianfranco Contini.

195 LUDOVICO ARIOSTO, *Satire*. Edizione critica e commentata a cura di Cesare Segre.

196 TORQUATO ACCETTO, *Rime amorose*. A cura di Salvatore S. Nigro.

197 STÉPHANE MALLARMÉ, *Versi e prose*. Traduzione di Filippo Tommaso Marinetti. Con una nota di Franco Fortini.

198 DRUMMOND DE ANDRADE, *Sentimento del mondo*. Trentasette poesie scelte e tradotte da Antonio Tabucchi.

199 OTTIERO OTTIERI, *Vi amo*.

200 RAFFAELLO BALDINI, *Furistír. Versi in dialetto romagnolo*. Introduzione di Franco Brevini.

201 ERICH FRIED, *È quel che è. Poesie d'amore di paura di collera*. Traduzione di Andrea Casalegno.

202 FRANCA GRISONI, *L'oter*. Introduzione di Franco Brevini.

203 NICO NALDINI, *La curva di San Floreano*.

204 WALLACE STEVENS, *Mattino domenicale e altre poesie*. A cura di Renato Poggioli. Nota critica di Guido Carboni.

205 *Poeti latini della decadenza*. A cura di Carlo Carena.

206 GIOVANNI GIUDICI, *Prove del teatro 1953-1988*. Con un saggio di Carlo Ossola.

207 COSIMO ORTESTA, *Nel progetto di un freddo perenne*.

208 GIANNI D'ELIA, *Segreta 1986-1987*.

209 LUCIANO ERBA, *L'ippopotamo*.

210 FERNANDO RIGON, *Dimore*.

211 PATRIZIA VALDUGA, *Medicamenta e altri medicamenta*.

212 GIAN PIERO BONA, *Gli ospiti nascosti*.

213 HANS MAGNUS ENZENSBERGER, *La fine del Titanic*.

214 CALLIMACO, *Epigrammi*.

215 GIOVANNI RABONI, *Versi guerrieri e amorosi*.

216 FRANCIS PICABIA, *Poesie e disegni della figlia nata senza madre*.

217 AMY LOWELL, *Poesie scelte*.

218 GABRIELLA LETO, *Nostalgia dell'acqua*.

219 YVES BONNEFOY, *Nell'insidia della soglia*.

220 F. T. MARINETTI, *Poesie a Beny*.

221 QUINTO ORAZIO FLACCO, *Cinque satire sulla saggezza del vivere*. Traduzione di Gavino Manca. Introduzione di Carlo Carena.

222 JORGE MANRIQUE, *Stanze per la morte del padre*. A cura di Luciano Allamprese.

223 FERNANDO PESSOA, *Faust*. A cura di Maria José de Lancastre.

224 ALDA MERINI, *Vuoto d'amore*.

225 LUIS DE GONGÓRA, *Favola di Polifemo e Galatea*. A cura di Enrica Cancelliere.

226 ANNA ACHMATOVA, *La corsa del tempo. Liriche e poemi*. A cura di Michele Colucci.

227 FRANCO MARCOALDI, *A mosca cieca*.

228 ERMANNO KRUMM, *Novecento*.

229 PHILIPPE JACCOTTET, *Il barbagianni. L'ignorante*. A cura di Fabio Pusterla.

230 GARCILASO DE LA VEGA, *Le egloghe*. A cura di Mario Di Pinto.

231 FRANCO SCATAGLINI, *La rosa*.

232 RAINER MARIA RILKE, *Nuove poesie. Requiem*. A cura di Giacomo Cacciapaglia.

233 PATRIZIA CAVALLI, *Poesie*.

234 RUTILIO NAMAZIANO, *Il ritorno*. A cura di Alessandro Fo.

235 COSTANTINOS KAVAFIS, *Settantacinque poesie*. A cura di Nelo Risi e Margherita Dálmati.

236 VLADIMÍR HOLAN, *Una notte con Amleto. Una notte con Ofelia*.

237 JACQUELINE RISSET, *Amor di lontano*.

238 GIANNI D'ELIA, *Notte privata*.

239 ÁLVARO MUTIS, *Summa di Maqroll il Gabbiere*.

240 CARLO EMILIO GADDA, *Poesie*. A cura di Maria Antonietta Terzoli.

241 UMBERTO PIERSANTI, *I luoghi persi*.

242 FRANCO FORTINI, *Composita solvantur*.

243 GIOVANNI PICO DELLA MIRANDOLA, *Sonetti*. A cura di Giorgio Dilemmi.

244 *Nuovi poeti tedeschi*. A cura di Anna Chiarloni.

245 ENRICO TESTA, *In controtempo*.

246 *I salmi*. A cura di Guido Ceronetti.

247 GABRIELE FRASCA, *Lime*.

248 PUBLIO OVIDIO NASONE, *Gli amori*.

249 *Nuovi poeti italiani 4*: Maria Angela Bedini, Ivano Ferrari, Nicola Gardini, Cristina Filippi, Elisabetta Stefanelli, Daniele Martino, Pietro Mazzone.

250 FRANCO MARCOALDI, *Celibi al limbo*.

251 JUANA INÉS DE LA CRUZ, *Versi d'amore e di circostanza. Primo sogno*.

252 ALDA MERINI, *Ballate non pagate*.

253 *Nuovi poeti cinesi*. A cura di Claudia Pozzana e Alessandro Russo.

254 GIANNI D'ELIA, *Congedo della vecchia Olivetti*.

255 PAUL CELAN, *Di soglia in soglia*. A cura di Giuseppe Bevilacqua.

256 VALERIO MAGRELLI, *Poesie (1980-1992) e altre poesie*.

257 EDOARDO CACCIATORE, *Il discorso a meraviglia*.

258 TONY HARRISON, *V. e altre poesie*. A cura di Massimo Bacigalupo.

259 SALVATORE MANNUZZU, *Corpus*.

260 PERCY BYSSHE SHELLEY, *Prometeo slegato*.

261 FRANCO FORTINI, *Poesie inedite*.